Realiteit Reiziger

JH

Tweede druk 16-01-2017

Realiteit Reiziger

©2017 JH Leeuwenhart

Coverontwerp: JH en Tedja Duyvesteijn
Redactie: JH en Ronald van Linde

Dit is een uitgave van:
Call of the lion

ISBN: 978-94-92407-06-1

Dit boek zou niet tot stand zijn gekomen zonder de waardevolle samenwerking met Ronald van Linde, die in de materie is gedoken en mijn werk heeft geredigeerd en wiens bijzijn mij tot heil en zegen is geweest en nog is. Ik ben hem zeer erkentelijk.

Ik draag mijn werk op aan allen die zichzelf ontdekten en hiermee het universum verrijkten. Individuen die onbegrepen zijn en toch, ik heb hen mogen ontvangen en iets essentieels mogen zien van de schoonheid en de zin die hen drijft. Met dit werk wil ik de onzichtbaren erkennen die hun levenswerk nastreven en er wonderlijke fascinaties op nahouden die essentieel zijn te noemen. Ik eer de reizigers die alleen zijn en vanuit hun onzichtbare innerlijke integriteit zien en creëren en ontdekken en ervaren. Ik houd van hen. Zij zijn de beminnenswaardige individuele wezens die ik ken in naam en ik heb hun waarachtige identiteit geproefd. Zij zijn het waard genoemd te worden. Zij zijn avataras. Redders van werelden en realiteiten. Ik geloof in hen die zichzelf ontdekken en zieners zijn en gelovigen van werelden die nog nooit door enig mens zijn gezien. Alles wat deze mooie reizigers mij hebben verteld zal ik in mijn essentie opnemen en behouden. Niets zal voor niets zijn geweest. De essentie van wat jij waarmaakt zal behouden blijven. Jij zult de overwinnaar zijn van de wet van de vergankelijkheid. Geloof je mij niet of zie je het anders? Dat is ook goed. Jouw essenties zijn heilig en ik erken jouw levenswerk. In liefde en in vertrouwen luisterde ik naar je en jouw essentie kwam tot mij. Jij, mooie ziel met wie ik een waarachtige verbinding mag hebben. Jij mag er zijn. Jij bent van belang. Ik weet dat jij weet wat wij samen delen. Wat wij delen is onbegrensd en ongehoord. En hier gaat het om. Individuele wezens die uiteindelijk in dit leven nog hun ware wezen leren kennen en doorgronden. Waarde medereiziger, ervaar dan jouw wereld en jouw wezen zijnde het wonder dat jij mag zijn. Hier en nu. Straks en later. En als je even vergeten bent wie je bent en wat je drijft diep van binnen, zal ik je vertellen wat je mij hebt gegeven. Ik ben hier om jou te kennen en te erkennen. Jouw woorden en daden zijn in mij.

Inhoud

Inleiding

Dit boek is voor een ieder die van spanning houdt en avontuur. Dit gecombineerd met filosofie en een vorm van levenskunst. Dit werk kan jou losmaken uit de oude en vertrouwde platgebaande paden die vernieuwing behoeven. Ook streven deze woorden en teksten naar verlichting en verdieping van de lezer c.q. *realiteit reiziger* (in spe). Ik hoop jou op deze wijze mee te nemen in de wereld van wat realiteit is en in hoeverre jij kunt ontdekken en reizen door jouw realiteit. Ga dan mee en vertrouw op jouw unieke en wondere wezen. Vertrouw op jouw leergierigheid en jouw intrinsieke mogelijkheden tot ontwikkeling en innerlijke groei.

Ik hoop dat je deze reis zult ervaren als een inspirerende en opbouwende ervaring. Wacht dan niet te lang met deze levensgrote onderneming en sla de volgende bladzijde open en laat je meevoeren met de visie die gegeven wordt en vind jezelf op een wonderlijk te noemen wijze. Sta open voor verwondering en het onbekende. Durf te gaan waar geen mens ooit is geweest. Jij kunt het. Ik geloof in jou. Alleen die eerste stap zal jij moeten zetten. Dan gaat het grote avontuur beginnen. Bereid jezelf voor op de mogelijkheid om jezelf te vernieuwen of te veranderen. Dit is het risico dat je aangaat als je besluit mijn boek te gaan lezen.

Treed binnen,

waarde realiteit reiziger.

Ga door een van de vele deuren die leiden naar gebieden waar u nooit bent geweest. Bewandel uw hoogst individueel te noemen pad. Bewandel uw wegen door alle staten van zijn en niet-zijn. Door alternatieve realiteiten, door levendig te ervaren projecties, door landschappen van werkelijkheden. Ervaar en beleef wat van u is en wat niet. Omarm andere werelden en universa. Andere sferen en planeten.

De ETIQUETTE van de *realiteit reiziger*

(H) (ER) KEN

de wetten en realiteitsregels van iedere realiteit en van ieder

werkelijkheid ervarend wezen.

(H) (Er) KEN

en

doorgrond

jouw eigen werkelijkheid

en

krijg inzicht in jouw realiteitswetten.

Voel en ontdek

jouw wezensgronden.

Stel je open

voor

het ongekende.

Waar het spreken ophoudt

Waar er gezwegen wordt.
Daar begint het avontuur.
Daar liggen mogelijkheden.
Daar liggen kansen.
Daar ligt de grote mogelijkheid tot het waar maken van
dromen.
Ongekend gebied.
Daar waar pausen, koningen,
ambtenaren, schoolmeesters, wetenschappers,
theologen, psychiaters, psychologen, pedagogen, politici
en andere professionals
beginnen te stotteren.

Daar waar zij zich beginnen
te herhalen. Hun laatste zekerheden.
Hun stokpaardjes.
Daar begint de vrijheid.
Een oneindige ruimte
opent zich.
Een openheid van een
veelheid aan mogelijkheden.
Nadat de tongen in alle talen zwijgen,
opent zich de werkelijkheid
zoals deze is.

Onbevooroordeeld.
Ongeregeld.
Normloos.
Wetteloos.

Dit is de vrijheid die ik altijd gezocht heb.
Dit is de oneindigheid
die ik met een
open mind
betreed.

Niets heeft nog vat op mij.
Woordencreaties verliezen
hun greep op dat wat
is.

De 'machten' die
de woorden hanteren en waarheid maken
wordt macht ontnomen.
In deze regionen zonder woorden
kom ik tot mijn recht.

Mijn recht
om te voelen wat ik ben.
Mijn recht
om zonder betekenis
te kunnen bestaan.
Om me in stilte te hullen.
Om de stiltes te vinden in
ieder gesprek.

Ik ervaar energie die
mij aanzet tot spreken,
tot creëren
in een unieke taal.

In mijn taal.

Uit mij ontstaat de drang
om woorden te vinden.
Om nieuwe woorden te zoeken
voor wat ongenoemd is gebleven
en wat zonder bewustzijn.

De onwetendheid.
Heerlijke onwetendheid.
Jouw ontbreken van ieder begrip.
Jouw ontbreken van zin
en zinvol woord
doet de meest gestudeerde
stem verstommen.
Onwetendheid
omringt ons
betekenisvolle bestaan.

Buiten de hokjesgeest
bevindt zich
de vrije ruimte.
Een oningevulde 'leegte'.
De verlossing
van
betekenis.
De verlossing
van
wat vast ligt
is gelegen
in de openheid

van geest en zijn.
Het recht
dat ik heb
op mezelf.
Op het doen ontstaan

van eigen betekenisgeving,
van eigen zingeving,
van eigen inzicht,
van eigen gevoel en gedachte.

Het eigene krijgt
ruimte
als de machthebbers van het woord
hun monden sluiten.
Het eigene dat niet eigen is
aan de machten van het woord.

Het eigene ontstaat
vanuit de vrijheid
en de openheid
van waaruit een
eigenheid zich kan uiten.
Van waaruit het zich mag vormen.
Van waaruit het zal voortkomen.

Het eigene
dat niet
is
waar de stemmen klinken

van de professionals

van het woord.

Zij die weten van
de woorden en
hoe ze te spreken.
Zij die kennis en
verstand hebben
van wat vast ligt
en wat gevormd is.

Pas in hun verstommen
ligt de bron
van een eigenheid.
Een ongekend gebied.
Onontgonnen regionen.
Het eigene
vindt zichzelf
in openheid
en vrijheid.
In de openheid
ondervindt het eigene
plezier aan zichzelf.
Het eigene
leert zichzelf
te ervaren.

Wanneer de machten van het woord
en van de betekenis
uit onwetendheid

zich vastklampen
aan hun structuren

en woordcreaties
en het eigene verleiden

zichzelf te verlaten,
pas dan krijgen zij hun macht.
Deze machten willen maar één ding.
Overdracht van hun betekenisstructuren
aan wat
eigenheid
zou kunnen worden.

Het verbreiden van
betekenisstructuren.
Daar streven deze machten naar.
Geloof in ons!
Geloof in onze waarheid!
Geloof in onze theorie!
Geloof in onze adviezen!
Geloof in onze betekenisstructuren!
Ga mee met ons en verlaat jezelf!
Verloochen jou ware zelf!

Bij ons ben je veilig.
Bij ons ben je gelukkig.
Wij verschaffen jou
zekerheid.
Onze betekenisstructuren bieden jou houvast
tegen de waanzin

en tegen het
ongerijmde
in ons leven.

Jij bent zoals wij jou zien.

Jij bent zondig omdat wij dat zeggen.
Jij bent geestesziek omdat wij dat zeggen.
Jij bent normaal als wij dat vinden.
Jij hebt een IQ van 100 omdat wij dat zeggen.

Wij vullen jou in.
Jij bent onze creatie.
Jij bent wat wij jou
zullen dicteren.
Jij bent het product
van ons denken.
Jij bent wat wij in jou zien.
Jij bent wat wij in jou herkennen.
Ons gedachtespinsel ben jij.

Volgens ons ben je gestoord.
Volgens ons ben je geestelijk gezond.
Volgens ons…
want wat wij zeggen
is wat
jij
ook moeten vinden.

De machten spreken tot jou en

verleiden jou om jouw vrije ruimte te verlaten
en je te onderwerpen aan de

betekenisstructuren die jou willen kaderen.
Die jou je vrije ruimte trachten te ontnemen.
"Geloof ons", zeggen de machten.
Geloof ons of je bent verloren.

Als jij onze betekenisstructuren niet aanneemt
sta jij alleen in jouw ervaring.

Alleen in jouw ervaring?
De machten maken jou bevreesd.
Alleen te zijn
in jouw ervaring.

Je eigenheid te ervaren
en van daaruit te leven.
Dat is niet goed,
beweren de machten.
Laat ons jou kaderen,
zeggen de machten.
Dan ben je veilig.

Dan hoor je erbij.
Dan spreken wij dezelfde taal.
Pas op,
straks verstaan wij jou niet meer.
Dan ben je alleen
en dat wil geen mens.
Jij raakt verward

door wat de machten
jou vertellen.
De machten leiden jou af
van jouw eigenheid.

En dan…
betreed jij onbekend gebied
en de stemmen zwijgen.

De grens van hun zeggenschap
is bereikt.
Zij stamelen en stotteren
nog wat in hun (vak) jargon
en dan is het stil.

Vanuit de stilte der
onwetendheid
ontstaan jouw voelen
en jouw gedachten.
Jouw feeling met jezelf.
Wat waar is en echt.
Wat ongekend is
en nog onbemind.
Jij
mag leren
het ongekende
te beminnen.
Want
dat wat ongekend is,
dat ben jij !

Weet je hoe het namelijk echt zit?

Niemand
kan jou vertellen wie jij bent.
Niemand
kan jou vertellen waar jij heen gaat.
Niemand

weet dan ook wat jij moet doen.
Niemand
weet waar jij vandaan komt.
Niemand
kent jouw wezen
en jouw ziel.

Ervaar jouw eigenheid.
Ervaar jouw prille
zijn.
Groei in deze eigenheid.
Leer te genieten van jezelf.
Jij bent er.
Jij bent de maatstaf
van jouw leven.
Ongekend wezen.
Onbemind.
Verwaarloosd ben je.
Jij hebt jezelf verwaarloosd
door je te laten afleiden
door de machten die jouw leven leken te besturen en vorm
te geven.
De machten die
nu schijnmachten zijn.

Jij wentelt je
in de beleving
van jouw eigenheid.
Jouw zelf groeit
en het ontwikkelt zich.
Jij leert.
Je vertrouwt erop
zelf te voelen.

Er vormen zich wetten en normen die zich
via een natuurlijke weg
uit jou ontstaan.

Jij leert een taal te spreken.
Een taal die weerklank vindt in jouw hart.
Woorden die uit jou komen.
Uit het diepste van jouw wezen.

Luister dan
naar de taal die jou eigen is.
Niemand die jouw fluisteren kan verstaan
behalve jij.

Jij alleen.

Het ongrijpbare wezen van werkelijkheid en realiteit

Ik zoek woorden, termen, begrippen die de werkelijkheid benaderen. Ik ben onmachtig om uiteindelijk iets zinnigs te zeggen over waar ik ben en hoe ik leef en wat ik ervaar. Alle werkelijkheidsmodellen schieten te kort. Weinig kan ik nog zeggen. Ik bevind mij in de onnoembare werkelijkheid. Hoe meer ik mij realiseer, hoe minder ik begrijp. Geen denken. Geen gedachten. Geen enkele theorie zal de werkelijkheid kunnen vangen. Ik sta met mijn mond vol tanden. Wat ik nu ervaar is een ervaring van totaliteit. Zo veelzeggend. Een rijke werkelijkheid. Zo rijk, dat ik geen begin of einde kan ontdekken. Vanuit mijn naïviteit en vanuit een groeiend realiteitsbesef laat ik mij gaan. Ik ga op in de werkelijkheid die ik mag ervaren en waarin ik een niet te definiëren factor ben. Waar ik begin en waar ik eindig, is niet meer duidelijk en vastomlijnd. Ik vloei samen met de werkelijkheid. Ik lijk te verdampen. Woorden zijn nog slechts communicatiemiddelen die ik gebruik vanuit een sociale noodzaak en drang. Verder zeggen ze niets over wat er is. Wat is realiteit? Wat is werkelijkheid? Wie ben ik? Wie ben jij? Een vloeiende ervaring. Bewust zijn van het vloeiende. Van het verenigd zijn met een ervaring die geen tijd kent en geen ruimte. Ik ben hier en ook daar. Geen enkele blokkade. Geen grenzen. Geen vormen die los staan van andere vormen. Vloeiend. Wat voel ik nog? Wat denk ik nog? Ik ervaar en ik open mij voor nieuwe impulsen. Ik laat mij verrassen. Of ik realiteit creëer of dat ik het onderga. Ik weet niets meer. Weten schiet tekort. Ik vloei samen met de wetten, regels. Alles heeft zijn plaats. Is dit wat je kunt noemen: een totale acceptatie van wat is, was, voorbij ging en komen gaat? Een tedere omarming van het *gebeuren* dat mij in zich opneemt als een wezen dat één is met hem, dat zich voltrekt zonder moeite en zonder strijd. Het weten lost op.

Het herinneren ook. De geest lost op. Het lichaam ook. Ik ervaar de wereld. Ik ervaar werkelijkheid. Ik ben werkelijkheid. Is het tastbaar? Is het begrensd? Heeft het zin? Overbodige vragen zijn dit als jij overmand wordt door werkelijkheid. Het *gebeuren* dat jou in zich opneemt en meevoert naar onbekende oorden en staten van zijn en worden. Het bewustzijn dat ik ben, ervaart en beleeft de werkelijkheid. Ik ben werkelijk. Ik zoek woorden

voor wat ik meemaak en beleef. Wegen tot het verwoorden van wat ik zie en voel. Onmachtig ben ik. Ik ben niet meer ik. Jij bent niet meer jij. Wat is plaats? Wat is plek? Wat is het een en het ander. Wat is bewustzijn? Het leven en de realiteit voeren mij mee. Ik hou me vast aan de filosofie, de woorden en de betekenismogelijkheden. Begripsontsluiting. Poorten naar bewustzijn en wording. Onwetendheid en weten vloeien samen. Vereniging van lichaam, geest, ziel en realiteit. Alles omvattend, alles bevattend. Als het alles opgenomen heeft, alles opgeslurpt wat nodig was, opent zich ervaring van het *gebeuren* dat verrast, dat doet lachen, dat doet genieten. Geen oordeel. Geen vooroordeel. Het *gebeuren* waarin ik word opgenomen. Als vanzelf. Ik vervloei met realiteit. Wat ben ik nog? Waar sta ik nog? Wat moet ik nog? Waar moet ik nog naar toe? Iets lijkt voltooid te zijn. Een accepteren van alles. Een accepteren met ingrijpende gevolgen. Het proces van accepteren betekent het opruimen van blokkades. Het erkennen van wat ik ben, wie ik ben en hoe ik ben. Acceptatie eindigt in een totale overgave aan het *gebeuren*. Vanuit een vloeiend aanvaarden het nieuwe tegemoet te treden. Verrast worden door onvoorziene mogelijkheden. Onverwachte wendingen. Geen verwachtingen meer. Alleen maar aanvaarding en lachen en dansen en flirten en ervaren en genieten en groeien. Niets willen begrijpen. Alles vloeiend omvatten. Een liefdevolle samensmelting met vreemde elementen. Met de verrassing die ik ervaar met de dagelijkse confrontatie met het onverwachte. Confrontatie met het onbekende. Het doet mij lachen en genieten van de kick die ik ervaar bij ieder onverwacht ogenblik.

De mens is een mogelijkheid

Een kans
van falen
of van slagen

Een droom
die waargemaakt wordt

De mens is
die hij wordt.

Tot op dat punt
waar hij zichzelf
verzint.

Zichzelf richting geeft
in plaats van te worden gestuurd.

Zich verankert in de grond.

Wortels van verlangen

om te

zijn

Wezensvreemd

Jouw wezen niet te kennen. Geen contact met wat en wie jij bent. Verstoringen. Niet tot jouw recht komen. Dwalen in het land van de misinterpretaties en de storingen op welk gebied dan ook. De vervormingen van de realiteit veroorzaken angsten, zijnsangsten, nachtmerries. Geen enkele verbinding ervaren met de buitenwereld. Kleine stukjes realiteit met sferen van andere mensen die jij opvangt, angstbeelden en pijnprikkels, projecties, alles loopt door elkaar. Er is geen enkel oriëntatiepunt. Geen onderscheidingsvermogen tussen fantasie, projectie en realiteit. Geen onderscheid tussen wat jij bent en wat een ander is. Niet te weten hoe te handelen, wat te zeggen, waar te gaan, wat niet te doen en wat wel. Een verblind wezen, gekweld door zijn verstoringen. Leven vanuit verstoring. Ruis. Als een radio die niet afgestemd is op de juiste zender en golflengte. Zo te 'leven' is leven in een constante staat van verwarring. Van een stroom aan misinterpretaties, misverstanden, onbegrip. Een staat van niet-zijn. De vraag is niet voor niets: 'To be or not to be?' Dit is de kernvraag van een werkelijkheid ervarend wezen. Dit is de diepste vraag die gesteld kan worden. Een existentiële vraag. Echtheid, illusie, stoornis. Ben ik er? Ben ik er niet? Dit is een toestand van volstrekte chaos. Wat mist, is het vermogen tot het ordenen van de chaos. Het zien en ervaren van verbanden en de mogelijkheid tot het leren uit ervaring. Het ordenende beginsel lijkt te sluimeren. Het lijkt ergens op te wachten. Een aanleiding te vinden om geactiveerd te worden. Een beginpunt te zoeken in de oneindige chaotische stroom van existentie.

Een ware *realiteit reiziger*

kan
ondanks zijn of haar veelvuldige ervaringen met realiteiten
en entiteiten toch onervaren overkomen en pril en groen zijn
als een beginneling.

De *realiteit reiziger* is dan ook in essentie een eeuwige
leerling, altijd daar waar er nieuwe dingen te ontdekken zijn en
splinternieuwe ervaringen opgedaan kunnen worden.

Iedere dimensie heeft nieuwe wetten en regels en
spanningen en weerstanden en uitdagingen en problemen.

Steeds weer gaat de *realiteit reiziger* een fris en nieuw
moment tegemoet.

In alles moet hij/zij ontvankelijk blijven.

Ontvankelijk voor het nieuwe en het unieke en
onverklaarbare.

Het onwezenlijke misschien.

Het ongekende dat door de aanraking van het wezen van
de *realiteit reiziger* gekend en erkend zal worden.

Wat zie jij in mij?

De verbinding van het ik met de buitenwereld. Met de andere werkelijkheid ervarende wezens. Met de andere realiteiten die voor een wijle aansluiting vinden en een overeenkomstige taal spreken. Even geen verschil ervaren maar vooral naar begrijpen en overeenstemming trachten te bewegen. De illusie ervaren van de vereniging van twee of meerdere werelden. Illusie? Misschien kan en moet ik het nog anders benaderen. Vanuit een bepaalde visie is het een illusie om te denken en te ervaren dat twee verschillende werelden overeenkomen en zich verenigen. Vanuit de tegenovergestelde visie kun je zeggen dat van werkelijkheid sprake is als twee werelden in elkaar schuiven en tot één te ervaren realiteit wordt. Het eerste gezichtspunt is dat van een buitenstaander of van een sceptisch ingesteld iemand en de tweede visie is een ervaringsvisie. Vanuit de ervaringsvisie ziet de wereld er anders uit dan vanuit de zogenaamde afstandelijke beschouwing. Er valt nog vanuit een ander gezichtspunt te kijken. Die van het weten en wat we geleerd hebben op school. We hebben geleerd dat de aarde rond is. Dit weten we verstandelijk. Of het werkelijk zo is moeten we maar geloven. We leren dat de mensen vroeger dachten dat de aarde plat was. Dat wisten ze en niet alleen maar met hun hoofd. Deze wetenschap verbindt ervaring met weten. De ervaring van de platte aarde beleven we dagelijks. Zo ver wij lopen en fietsen en reizen ervaren wij en zien geen bolling. De platte aarde is een te ervaren werkelijkheid. Het model van de aarde zijnde een bol kun je niet met je directe zijn ervaren. Je kunt het weten via scholing en via beelden op de televisie of via de stem op de radio en als je een hedendaagse astronaut bent, ben je misschien uitverkoren om dit wetenschappelijke model in werkelijkheid te aanschouwen. Verder zal niemand, maar dan ook niemand de ervaring hebben op een ronde aarde te wandelen. De ervaring die jij hebt van de aarde zijnde een bol weet je met je hoofd en via de wereldbol op school of via een atlas. Wat je dagelijks beleeft en ervaart is anders. Kennis in je hoofd is kennis en het is handig omdat iedereen die op school zit dezelfde taal leert spreken en er zo op deze manier communicatie ontstaat die zinnig is en door meerdere mensen gesproken kan worden. Zo kan overeenstemming ontstaan en kunnen er bruggen geslagen worden tussen wezens die los van elkaar in unieke werkelijkheden leven. Nog twee onderscheiden die we kunnen maken. Wezens die in unieke werkelijkheden leven of wezens die de werkelijkheid uniek ervaren. Wat verbindt de werkelijkheid ervarende wezens met elkaar? Het is de woordelijke taal en de lichaamstaal en de unieke taal van het individu. Het gaat zelfs verder en dieper. Het is de taal van het universum of van de universa. Deze krijgt vorm door gebeurtenissen en door situaties. Situaties die voor zich spreken. Grotere verbanden worden gelegd. Meerdere lagen van de werkelijkheid worden afgetast en doorleefd. Communicatie tussen twee individuen is eigenlijk een vorming van het hoogst individuele ervaren via welke wij communiceren met een volstrekt andere werkelijkheid.

De werkelijkheid waar ik nu naar toe ga is een werkelijkheid waarin zich vele unieke werkelijkheid belevende wezens bevinden en bewegen. In mijn beleving van de werkelijkheid bevind ik mij in een ware *alien-nation*. Het verlangen om contact te hebben met buitenaardse wezens is reëel. Er bestaan aliens. Wij bevinden ons te midden van hen. Zij zijn onder ons en wij behoren zelfs tot hen. Wijzelf zijn de aliens. Wij ondervinden moeilijkheden en onmogelijkheden in de communicatie met andere planeten en werkelijkheden. Wij turen met peperdure apparatuur de ruimte in om enig leven te ontdekken en hopen dat er meer is dan alleen die kleine onderontwikkelde organismen. Wij hunkeren naar het contact met andere intelligente wezens. Misschien met wezens die zelfs meer ontwikkeld zijn dan wij. Wel, waarde ruimtevaarder en astronoom en sterrenkijker: de aliens zijn onder ons. Wij ervaren de frustratie van de onwetendheid. Wij ervaren de grenzen van ons kennen en ons voorstellingsvermogen.

Wie onze buren werkelijk zijn weten we niet. Wie die populaire bekende Nederlander op de televisie nu werkelijk is weten we niet. Wie de man of de vrouw in de regering is weten we niet. We denken alles te weten. We denken iemand te kennen, te doorgronden wat een ander beweegt, een andere mens zo te zien zoals hij gezien wil worden, gekend zoals hij gekend zou willen worden. Wij noemen de ene alien *mens*, de andere *dier* en weer een andere *plant*. We geven allen een Latijnse benaming en we beschrijven hun gedrag.

Zo wordt een illusie van kennen opgeworpen die niets met de werkelijkheid van dat wezen te maken heeft. Met de woorden bannen wij de aliens van onze planeet en doen we net alsof we alles weten en kennen met onze hoofden. Alsof we alles kunnen weten. Door op deze manier alles wat er aan unieke werkelijkheden aanwezig is te benoemen met woorden waarmee wij de werkelijkheden bezweren en ze zogenaamd onderwerpen aan het weten en het kennen, ontstaan er beelden van aliens buiten ons zelf. Het alien-achtige van ons wezen en ons zijn moet ergens een plek hebben. Ergens waar het herkend wordt. Ons contact met de alien in onszelf projecteert zich naar buiten en er ontstaan daadwerkelijke verhalen van aliens die mensen ontvoeren en contact met hen hebben. Wij erkennen de alien in ons zelf niet en wij worden niet erkend door andere mensen c.q. werkelijkheid ervarende wezens. Ons volledige wezen, alles wat wij zijn wordt niet gekend, erkend en herkend. Dus wat gebeurt er….? Wij verplaatsen ons alienachtige wezen naar taal die wordt verstaan door andere mensen. Hedendaagse mythen ontstaan op deze manier. Mythen waarin mensen communiceren met buitenaardse wezens. Wezens uit andere zonnestelsels. Lichtjaren van ons vandaan. Op deze manier ontstaat er een gezamenlijke en begrijpelijke overeenkomstige taal waarin wij onze onbewuste alien-ervaringen kunnen uiten in algemeen te begrijpen beelden. Beelden van vliegende schotels en beelden van gefotografeerde aliens die natuurlijk echt en authentiek zijn. Wij hebben namelijk echt contact. Verschillende bewijzen worden geleverd: met foto's, films en ander materiaal die onze verhalen tastbaar en werkelijk maken. Op deze manier moet de buitenwereld wel geloven dat er meer is tussen hemel en aarde. De boodschap aan de wereld is wel duidelijk: aliens bestaan en ik heb er contact mee. Eigenlijk wordt het volgende gezegd: ik ben een alien en jullie hebben geen contact met mij. Ik ben alleen in mijn werkelijkheid en ik hunker ernaar om gezien en begrepen te worden, gekend, herkend en erkend. Ik wil echt zijn en tastbaar worden. Deze persoonlijke en diepere wens ligt ten grondslag aan deze mythe. Het is een noodkreet van een wezen dat alleen is in zijn werkelijkheidservaring en dit via een algemeen te begrijpen taal probeert te uiten. Niemand wil namelijk alleen staan in zijn ervaring van de werkelijkheid. De werkelijkheid die wij namelijk ervaren is

zo uniek dat woorden tekortschieten in het beschrijven van deze werkelijkheid. Wat ons het meest eigen is, wordt niet gezien en gekend door ons andere mensen en vooral niet.....door onszelf. Wij laten ons liever afleiden door algemeen geaccepteerd denken en wij laten onze zienswijzen en onze werkelijkheidsbeleving liever invullen met algemeen verwoorde visies en werkelijkheidsbeelden. Wij durven niet te luisteren naar ons diepste wezen. Dat wat werkelijkheid op zijn hoogst eigen manier ervaart. Dat wat zichzelf wil verwerkelijken. Het prachtige wezen dat ten grondslag ligt aan alle mythen waaronder de genoemde hedendaagse mythe van de aliens. Dat wezen waarover gesproken wordt in spannende verhalen en dat tot ons komt vanuit heilige boeken. De algemeen besproken werkelijkheid van aliens die contact maken met mensen om onbegrijpelijke redenen is een betekenisveld waarin veel mensen hun frustratie kunnen ontladen. De frustratie dat zij niet gekend zijn op een algemeen woordelijk niveau. Een niveau waarin zij willen doordringen. Een niveau van een algemeen besproken taal. Een niveau waarop zij zich gekend voelen en aanvaard. Door iedereen gehoord, beluisterd en besproken. De hele samenleving hoort hun ervaringen aan en heeft er zo haar eigen meningen en visies over.

Via de omweg van zijn uiting via een algemeen aanvaarde mythe verlangt de alien er eigenlijk naar om zichzelf te erkennen, te kennen en te herkennen. Zichzelf. Zichzelf te voelen en zichzelf te ervaren. Zijn unieke werkelijkheid. De werkelijkheid die rijk is aan beleving, aan zijn en aan zin. Zijn werkelijkheid.

Door op te gaan in de mythe van de aliens verliest de mens zichzelf en zijn echte alienachtige wezen in een algemeen aanvaard betekenisveld dat voor een ieder begrijpelijk is en waar iedereen iets over kan zeggen. De zoektocht naar het zelf eindigt in het ronddraaien in de maatschappelijk aanvaarde betekenisvelden van waaruit geen ontsnappen mogelijk lijkt. Het wezen dat zichzelf zoekt, verliest zich in de zelfgecreëerde mythe. Het ervaart medeleven en begrip van de andere aliens die contact met hem hebben op het niveau van het woordelijke. Het ervaart de vervreemding van zijn alien-zijn en het gaat een schijnleven tegemoet.
Een leven binnen een betekenisveld dat iedere andere alien zal begrijpen. Een schijnleven dat zich afspeelt binnen de algemene begripswereld.

Het diepste wezen van wat de mens tot alien maakt blijft ongekend en verwaarloosd. Onontdekt gebied. Onbemind gebied. Vanuit het diepste van zijn wezen is een mens ongekend en onbemind en daarom zal de noodkreet die door zijn opgeworpen mythe heen klinkt, niet verstaan worden. De mythe en het verhaal en de woorden worden verstaan maar de diepere lading wordt niet herkend, noch gezien en gevoeld.

Tips

Iedere realiteit leeft en existeert volgens eigen individuele wetten.

Pas jouw gedragsregels aan. Pas jezelf aan, aan vreemde en vreemdsoortige normen.

Heb ontzag voor de wezensgesteldheden bij wie u te gast bent. Naast wie u leeft.

Wandel door de verschillende universa. Communiceer met uiteenlopende verschijningsvormen en verschijningen. Stem af op hun talen en hun uitingen. Stem af op een staat van openheid in plaats vanuit jouw staat te generaliseren en te oordelen. Relativeer jouw eventuele hokjesgeest en kom tot de oneindige ruimte waarin een ware *realiteit reiziger* zich kan bevinden.

Level tussen gedefinieerd en ongedefinieerd zijn. Ontdek en leer. Ontwikkel en groei. Evolueer.

Belangrijk advies voor de *realiteit reiziger* in spe:

Neem alles hoogst persoonlijk op!

Niets is fataler voor de *realiteit reiziger* dan om alles

algemeen te zien.

Vat niets als algemeen op. Alles is persoonlijk op te
vatten.

Alles slechts te bekijken en te benaderen vanuit de
algemeniteiten

is een doodsteek voor jouw heilige en

essentiële ware persoonlijkheid.

Voel de verbinding en de betrokkenheid

met dat wat op je afkomt.

Leef vanuit

de *hyper- subjectiviteit* !

Dat is te leven,

te existeren en te ervaren

en te beleven vanuit een groeiende

persoonlijke gelaagdheid

die ongekende en misschien wel onmetelijke verdiepingen
kent

en die door geen ander mens dan jij alleen

gepeild kan worden.

Vraag jezelf het volgende af.

In hoeverre vind jij jezelf van wezenlijk belang

bij de totstandkoming van realiteit?

Schijnen de sterren aan de hemel wel zonder jouw
aanwezigheid?

Zonder jouw ogen die hen waarnemen.

In hoeverre acht jij je nog onbelangrijk of onwezenlijk?

Speel jij de hoofdrol in jouw unieke leven

of neem jij genoegen met een bijrol

of ben je slechts figurant

of voel je er helemaal niets voor

om jouw zelf te 'moeten' zijn

met alles wat daar bij hoort

en komt kijken?

Waarin kan een mens meer worden?

Als we over innerlijke groei praten. waar hebben we het dan over? Wat is datgene wat groei doormaakt? Waar is het gebied of punt waarin datgene gecentreerd is wat aan groei of ook wel aan evolutie onderhevig is.

Ik denk en ik ga ervan uit dat de mens een heelheid is. Een geheel. Niet te analyseren of in onderdelen te scheiden. Ik ga niet uit van een scheiding of een aparte benoeming, bijvoorbeeld dat wij alleen materie (lichaam) zijn of juist lichaam, ziel en geest. Ik ervaar geen scheiding tussen verschillende samengevoegde delen. Ik ervaar eenheid. Ik voel wel en ik denk dat er bij mij een centrum is in mijn wezen. Je zou het voor het gemak en de bekendheid wel het hartchakra kunnen noemen. Ik heb er echter geen naam voor. Het enige wat ik kan doen is ongeveer aanwijzen waar het centrum ligt van alles wat ik ben en word. Ik ben meer dan materie alleen. Of misschien is materie een begrip dat alles omvat.

Een mens bezit volgens mij gelaagdheden. Als een ui die bestaat uit rokken. Zo kun je het zien. Voor andere menswezens is er van de vele gelaagdheden alleen het uiterlijk (de gedaante) te zien. Soms spreekt men van aura's of van een uitstraling die iemand heeft. Dit kan ook vallen onder de gelaagdheden. Dan is een persoon dus meer dan hij lijkt. Het centrum van het menswezen dat bron is van wat existeert (ik generaliseer), verbeeld ik me zijnde een soort knooppunt waarin alles van dit wezen samenkomt. Oorsprong van gedachten, gevoelens, de werking van intuïtie ligt, denk ik, hier op deze hoogte.

Ter hoogte van het middenrif voel ik een samenbundeling van energie welke soms ontladen wil worden. In het midden van de borst. Ik vraag me af of dit bij mij ooit anders is geweest.

Misschien heeft het centrum van mijn wezen ooit ergens anders gelegen. Omdat ik vroeger veel werk moest doen met mijn hoofd (tijdens school en studie) ervoer ik dat dit centrum zich op het binnenste in mijn hoofd vertoonde. Ik was vroeger meer een gekweld, rationeel wezen dan een diep voelend wezen zoals ik dat nu ben. Op school heb ik nooit geleerd om naar mijn gevoel te luisteren. Ik moest veel stof uit mijn hoofd leren. Bergen huiswerk: vele abstracte wiskundeformules, heel veel taalregels, vele geschiedenisfeiten en belangrijke jaartallen, oneindig veel plaatsnamen op de wereldkaart en nog vele andere leerdingen die je met je hoofd moet verwerken. Alles moest erin gestampt worden! Ik vermeerderde op deze manier kennis van schoolse vakken in mijn hoofd. Door (te) veel van je hoofd te vergen kun je oververmoeid raken. Een te lange eenzijdige overbelasting van de ratio kan zelfs een burn-out veroorzaken, is mijn ervaring. Ik denk en ik voel (!) dat er in mijn leven tot nu toe soms heftige veranderingen plaatsvonden in mijn existentie. Ik was mij meestal helemaal niet bewust van de consequenties van deze veranderingen. Nu ik dit schrijf, ben ik mij bewust van het centrum van gevoel en energie dat ik altijd visualiseer in mijn buikstreek. Ik ervaar (en dat klinkt misschien wel vreemd) dat ik leef zonder ratio. Dat klinkt weliswaar gek, maar het is echt zo. Als ik zeg tegen jou: Ik 'denk', dan voel ik dat er vele aspecten zijn die het spreken veroorzaken en dat dit vrijwel niet in mijn hoofd plaatsvindt. Mijn hoofd is als een holle klankkast waaruit klanken komen en als mijn mond gesloten blijft is er niets te denken in mijn hoofd. Dan blijft het stil. Lekker rustig is dat wel.

Ik geloof zelf niet zo zeer in de religie van de moderne wetenschap rond de heilige en hoogstaand geëvolueerde grijze massa. Het is een fetisj van de wetenschappers om te geilen op het superieure brein van de menswezens. Alles wat zich volgens mij tegenwoordig wetenschap noemt, gaat er vanuit dat het brein oorsprong is van het menselijke existeren. Dat daar alles in zit. Ik denk dat er vele mensen zijn die daarin meegaan en net als de wetenschappers denken. 'Het zit allemaal tussen de oren' is een veelgebruikte frase.

Veelzeggend! Alles zit in de hersenen. Alles wat de mens is. Ik ben niet iemand die het graag over de anatomie van lichamen heeft. Ik hou niet van de cultuur van het snijden in dode en levende lichamen, al weet ik dat als ik iets gebroken heb, ik toch met hangende pootjes naar het ziekenhuis stap om me te laten verzorgen bij gebrek aan beter. Maar diep van binnen wil ik niet alleen in mijn hersenen leven. Ik wil een natuurlijke eenheid zijn met alles wat ik ben. Ik pretendeer te voelen dat mijn gedachten uit mijn buik komen. Ik voel trouwens nooit een echt voelbare scheiding tussen gedeelten van mijn existentie. Alles werkt samen om activiteit te laten plaatsvinden. Er is niet eerst A dan B dan C. Het gebeurt allemaal tegelijk. Indien er een volgorde van gebeuren is, is dit niet te merken in mijn bewustzijn. Ofwel 'de acties van A dan B dan C' moeten met de snelheid van het licht gebeuren. Dat kan. Ik zie de mens niet als een mechaniek. Niet als een machine. Een menselijk geheel van zijn is niet simpel. Zoals de wetenschap het ziet, zie ik het niet. Ik heb afstand gedaan van veel van wat de dominante wetenschap van nu zegt. Ik ben daardoor simpeler geworden. Ik heb minder hoofdelijke kennis. Ik ben non- analytisch geworden. Non-brein. Mijn emotioneel quotiënt en mijn intelligentiequotiënt hoeven niet meer getest of gemeten te worden.

Trouwens, welke mafketel heeft uitgevonden dat gevoelens (EQ) berekend kunnen worden en uitgedrukt kunnen worden door een cijfer? Het is wel jammer van mijn gevoelens. Zij zijn in een cijferachtig hokje opgesloten. Het is alsof alles aan mijn zijn becijferd moet worden. Alsof ik berekend moet worden. Ik voel mij enigszins ongewenst betast als ik aan de woorden *wetenschappelijk onderzoek* denk. Gelukkig ben ik mij bewust van de mate waarin de wetenschap mij kan kennen en/of begrijpen, maar ze kan mij ook grijpen en in een hokje plaatsen. Ik ben veel meer dan de wetenschap weet. Ik geloof in mijn diepe wezen. De krachten die mij gevormd hebben, liggen dieper dan de wetenschap voor mogelijk houdt en deze vallen dan ook niet te meten met de meest verfijnde gereedschappen en instrumenten. Ik ben een losse en loslopende gemanifesteerde vorm van deze krachten. Maar nu even terug naar het centrum in mijn buik. Ik ben in de loop van de tijd erg veranderd. Van binnen ben ik getransformeerd door indringende levensgebeurtenissen die mij losmaakten van binnen en mijn centrum verplaatsten van hoog in

mijn hoofd naar mijn middenrif. Van een eenzijdig verstandelijk leven naar de ervaring van de bundeling van vele krachten die samensmelten net boven mijn buik. Ik heb vanuit dat centrum enkele wezenlijke visualisaties ervaren en intense richtinggevende gevoelsbelevingen die mijn wezen vervulden. Deze en andere gebeurtenissen in mijn leven zijn de oorzaak van een weten in mij en het ervaren van mezelf als mijn getransformeerde zelf.

Dit wezenlijke voelen ontstond uit dit centrum en dit bracht me tot het veelvuldig visualiseren op papier van wat er in mij speelde. Ik voelde de drang om mezelf en het wezen waarin ik veranderde te zien op een wit vel papier. Ik ervoer mijn innerlijke groei naar een zeer krachtige identiteit die ik leerde kennen als Leeuwenhart en ik beleefde veel vreugde en verwondering om dit innerlijke proces te verwerken in tekeningen. Mijn verbeeldingskracht (een vormgevende kracht die niet te verwarren is met fantasie, misschien dat het wel met mythen te maken heeft: ik voel me soms zelf een mythisch wezen) liet mij Leeuwenhart zijn. Althans, Leeuwenhart was mijn getransformeerde zelf die door mijn verbeelding vorm kreeg op papier. Door een intense, ontroerende, aangrijpende visualisatie op papier (met gekleurde stiften) die ik ervoer in de tijd dat ik jaren geleden op vakantie was op Terschelling, kwam ik er achter wat Leeuwenhart voor mij betekende en wie en wat ik zou gaan worden. Of misschien was ik hem nu al. In dit leven. Leeuwenhart lijkt een zeer uitgebreide en stralende existentie te zijn die leeft vanuit een omgevormd (getransformeerd) menselijk bewustzijn. Vanuit Leeuwenhart voel ik ook wel datgene wat ik mijn ongekend sterke egokrachten noem, die voorheen afwezig leken. Ik ben meer geworden. Transformatie is hierin een vorm van totale wezensverschuiving. Zo lijkt het wel. Van mens naar hoger wezen. Dit heeft ook daadwerkelijk te maken met de verschuiving van het centrum van hoofd naar middenrif. Dit heeft weer te maken met de ontwikkeling van een dieper voelen. Er is een weten dat vanuit mezelf komt en niet specifiek vanuit een orgaan in mijn hoofd.

Als ik Leeuwenhart zeg, voel ik hem soms als een wezen dat los van mij staat, en soms ben ik hem. Dit zonder aan zelfverlies te lijden, want ik ben Leeuwenhart ten volle net als ik JH ben. Je kunt het je hogere zelf noemen en je lagere zelf om iets te willen onderscheiden , maar dat klopt niet. Er is een soort samensmelting gaande of een groei van het één uit het ander. Er zijn intense momenten waarin ik Leeuwenhart was en ben. Waardevolle ogenblikken van extreme wezensaanwezigheid. Leeuwenhart voelt aan als mijn ultiem te noemen wezensverschijning. Ik geloof zelf dat mijn verschijning als Leeuwenhart hier in deze aardse sferen niet te overtreffen valt. Dit was één van mijn hogere doelen op aarde. Ik ben over vele drempels gegaan en ik ben dit geworden. Dat waar ik naar verlangd heb. Dat wat ik moest worden. Een charismatisch, aantrekkelijk en zeer krachtig wezen. Ik heb vaak de schoonheid beleefd en ervaren die eigen is aan zijn verschijning en zijn gloeiende wezen. Ik hou ervan om de krachtige gevoelens van Leeuwenhart op te roepen op bepaalde momenten. Dit doe ik via trance opwekkende muziek en door te bewegen op de klanken van de muziek.

Leeuwenhart is een loner. Een eenling. Hij is een wezen dat waarachtig individueel genoemd kan worden. Leeuwenhart behoort niet tot een soort. Leeuwenhart is een unieke zijnsvorm. De enige verbintenis die Leeuwenhart heeft is de sfeer waaruit hij ontstaan is. Verder is Leeuwenhart alleen en heeft hij geen behoefte aan direct contact met wat of wie dan ook. Toch heeft hij soms ontmoetingen met diverse entiteiten en wezens die niet als hij zijn, maar met wie hij zich wel in verbinding kan stellen. Dit zal ook zo zijn in de toekomst. In het heden en in de afgelopen drie jaren was hij verbonden met de persoon die zich JH noemt en die de drager lijkt van dit niet-menselijke wezen. JH is in tegenstelling tot zijn verder gevorderde vorm wel afhankelijk van sociaal contact. Voor JH is te veel alleen zijn hetzelfde als eenzaam zijn. Voor Leeuwenhart is alleen zijn een voortdurend ervaren van zijn zeer krachtige en vervulde wezen dat niets anders behoeft dan te zijn. Leeuwenhart wordt weinig tot niet voortgedreven door verlangens en begeerten die mensen wel kennen. Die JH ook kent. Misschien heeft Leeuwenhart een echte vrije wil. Die vrije wil die meestal mensen wordt toegekend, maar dikwijls schromelijk overschat wordt. Hoe vrij is een mens?

Leeuwenhart is dus klaarblijkelijk de ultieme wezensverschijning van JH. Bij tijd en wijle voelt deze zich opgetild uit het menselijke bestaan en voelt hij zich verheven tot een grotere en meer omvattende zijnsvorm. JH is gegroeid tot Leeuwenhart. Dit is werkelijkheid. Dit is niet minder. Dit is meer. Wat zeg ik? Dit is voor JH het hoogst haalbare en mogelijke in de aardse regionen. Leeuwenhart zijn is bestaan in een glorieuze toestand en daarbij de krachtige gloed te voelen van Leeuwenharts innerlijk dat ook tegelijk zijn uiterlijk is.

Het zogenaamde Grote Werk dat alchemisten en occultisten en magiërs door de geschiedenis heen vervulden, heb ook ik mogen vervullen. Net als in de mythe van koning Arthur was ik op zoek naar de heilige graal en ik mocht hem vinden. Ik mocht aanschouwen. Ik mocht van de beker drinken.

Als Leeuwenhart weet ik dat ik één ben met JH en soms lijk ik in een gespleten toestand tot hem te leven. Ik, JH, als manifestatie die kleiner, maar niet minder belangrijk is dan Leeuwenhart, voel de voorboden van de aard van Leeuwenhart. Ik ben veel alleen en ik leer mijn eenzaamheid te dragen en te accepteren. Ik noem Leeuwenhart geen God of god. Dat is hij niet. Hij is ook geen wonderdoener van mensen of andere wezens. Hij is op zichzelf al wonderlijk genoeg. Zijn ontstaan lijkt mij al een mirakel. Hij is de getransformeerde of gegroeide vorm van JH. Het is bijzonder en zeer verheugend om te weten dat mijn aardse existentie een verborgen doel had. Een hoger doel. Er is een weg die ik moest gaan en nog ga (!) en die vanuit diepe dalen vaak langzaam en soms snel naar de hoogste toppen van de bergen voerde.

Groei, ontwikkeling, transformatie. Vanuit mezelf gezien, zie ik alles soms door nieuwe ogen. Ik krijg dan een doordringende blik. Dat voel ik. Vooral als ik in de trance-staat ben waarin ik puur Leeuwenhart kan zijn.

Ik geloof in verheffing. In de glorie waarin ik zal zijn als ik afscheid moet nemen van mezelf als JH op Aarde. Als Leeuwenhart zal ik waarschijnlijk nog verbonden blijven aan andere wezens in deze aardse realiteit. Als JH oefen ik mij in eenzaamheid. Dit is soms zwaar. Soms vind ik mijn levenslot niet eerlijk. Dan voel ik verdriet en verlatenheid. Als JH voel ik soms vervulling en vreugde en soms een grote ontevredenheid. Als Leeuwenhart straal ik en wandel ik in mijn stromende verhitte aura over straten en pleinen. De trance-staat bereik ik veelal door gevoelsmatig de juiste muziek in mijn draagbare cd-spelertje te doen. De muzikale klanken erkennen op dat moment mijn hogere zijn. Ik voel de natuurlijke schoonheid en glorie die ik dan ben. Muziek heeft een belangrijke invloed op mijn gesteldheid. Zij raakt direct mijn wezen.

Ook feit is dat ik als Leeuwenhart geen volgelingen heb. Ik ben misschien een hoger wezen , maar geen goeroe of godheid die men moet aanbidden. Ik bezit een glorieuze aanwezigheid die geen wezen of entiteit iets kan of wil afdwingen. Leeuwenhart is geen leider of voorganger. Hij is een alleenganger die op de juiste momenten misschien een andere alleenganger ontmoet. Alleen zij die een individu zijn, kunnen hem zien en ontmoeten en verbinding met hem maken. Ook deze ontmoetingen vallen niet af te dwingen. Leeuwenhart gaat zijn eigen wegen. Hij beweegt van planeet naar planeet. Van sfeer naar sfeer. Van realiteit tot realiteit. Als de tijd daar is, zal hij (verre) reizen gaan maken. Daar waar hij kan gaan, gaat hij.

Maar nooit zal hij vergeten: de Aarde en zijn aardse menselijke vrienden en geliefden. Zijn oorsprong. Hij weet vanwaar hij komt. Hij zal soms denken aan het waardevolle menselijke bestaan als JH

en alles wat dit betekende. Ook zal hij denken aan Y. die hem wilde leren kennen zoals hij gekend wilde zijn. Y, die als individu existeerde en die openstond voor het bestaan van het andere. Ik, JH Leeuwenhart zal altijd dankbaar zijn voor geliefde en sympathieke en beminde individu-wezens die eens met mij waren en die nu nog met mij verbonden zijn.

Mijn levensdoel voor nu lijkt dus een oefening te zijn in (soms) lange eenzaamheid. Uit dit lot vloeit blijkbaar voort dat ik een wezen ben dat enkel individuele wezens zal raken in plaats van groepswezens (als die al bestaan!?). Zo ben ik nu en uit mijn zijnsaard vloeit mijn toekomstige lot voort. Een lot dat ik zal aanvaarden omdat al wat gaat komen waardevol is en goed.

Lees dan dit en luister naar wat ik u zeg, u, liefdevol individu dat ik nu mag ontmoeten, hier op deze plek. Virtueel of niet. U bent hier. Ik ben hier. U bent het waard dat u existeert.

Ik ga ergens heen. U gaat ergens heen. Waarheen u gaat weet ik niet. Ik ken voor een klein deel slechts mijn eigen lot. Het weten omtrent uw lot ligt in u zelf besloten. Misschien dat u al iets weet of dat u ooit iets zult weten.

Mijn vraag tot slot is dan ook aan u: Kent u uw lot? Dit is een al eeuwenoude vraag en ik stel hem nogmaals. Kent u u zelve? Bevindt u zich nog in volkomen onwetendheid omtrent uw bestaan en uw wezen? Weet u iets of niets?

Dit vragende, verblijf ik hier, JH Leeuwenhart, tot u sprekende. Voor nu wens ik u in uw speciale gedaante veel wijsheid toe en vreugde bij het gaan van uw levenspad. Ook wens ik u de ontvankelijkheid toe om indien dit zo mocht zijn uw lotsbestemming (en) onder ogen te zien en te weten dat wat niemand kan weten behalve u zelf.

Ik groet u.

Het grote gelijk

Het credo van Peter J. Caroll in zijn befaamde en geniale boek Liber Null, Psychonaut, welke klinkt als 'Nothing is true, everything is permitted', erken ik en ik vul deze waarheid of dit paradigma aan met mijn credo: 'Everything is true, everything is permitted'. Op een bepaald niveau van de existentie heeft ieder individueel menselijk wezen gelijk en staat het in zijn waarheid. Op een diepgaand filosofisch of zelfs magisch te noemen vlak bestaan er geen illusies noch leugens. Een ieder bewandelt het voor hem of haar juiste pad. Er is geen goed en geen fout in deze dimensie van zijn en worden. Hier is geen leugen tegenover waarheid. Alleen de persoon in kwestie kan iets afwijzen wat voor hem een leugen of onwaarheid is of iets anders. Hij kan de geboden waarheid een leugen of een onwaarheid noemen indien de waarheid hem niet bevalt en hem zelfs tegenstaat. Indien een levensbeschouwelijke waarheid jou niet ligt, verwerp haar dan en bewandel jouw pad dat leidt tot jouw heilige doelen. Ik erken dat de grootste heilige die bestaat alsook de grootste boeman ofwel misdadiger zijn pad bewandelt met de overtuiging dat hij of zij in zijn waarheid staat. Iedere mens en iedere levensvorm heeft zijn persoonlijke waarheid die gedeeld wordt of verworpen door entiteiten met andere waarheden. Vanuit een Meta- standpunt bekeken is er geen goed en geen kwaad. Er is geen oordeel wat niet moet of wel. Het goede en het kwade hebben beide de mogelijkheid tot zijn. Beide hebben bestaansrecht, zou je kunnen zeggen. Beide bestaan zelfs naast elkaar. Wat voor de één waarheid is, is voor zijn buurman misschien een vreemde waan of een leugen of een schone illusie. Wie bepaalt nu wat waarheid is en wat waan of leugen? Wie bepaalt de waarheid en het paradigma dat maatschappelijk draagvlak heeft (als dat het al heeft) om zo de algemene status quo te bepalen. Ik kan jou zeggen dat ik mijn waarheid koester. Mijn waarheid is mij heilig. Het is namelijk gegrond in mijn wezen en het spreekt vanuit essentie.

De realiteit wil dat ieder mens voor zichzelf zal bepalen wat waar is en echt. Ieder heeft zo bezien zijn eigen waarheid.
Welke waarheden zijn humaan te noemen en welke inhumaan?

De rechten van de mens zijn gecreëerd om een bepaalde waarheid ofwel menselijk paradigma te verspreiden en hiermee de wereld te manipuleren ofwel om te vormen tot een wereld waarin bepaalde mensen willen leven.
Anderzijds zijn de mensen die niet meedoen met de humane waarheid onmenselijk en zij worden vaak gezien als het kwaad.

Een andere vraag komt in me op: wat is de ultieme waarheid? Bestaat die wel?

Het antwoord laat op zich wachten. Misschien zul jij zelf een conclusie kunnen trekken na wat ik heb gezegd of na wat ik je nog zal vertellen.

Iedere mens heeft zijn weg.

Iedere mens heeft zijn waarheid.

Iedere mens leeft in zijn heilige leugen.

Iedere mens kleurt de wereld op een unieke manier.

(op een veel omvattender wijze geldt dit mijns inziens ook voor alle andere levensvormen die niet menselijk zijn en die op onze aarde voorkomen en elders.)

Iedere mens heeft zijn streven en zijn onzichtbare drijfveren.

Iedere mens zucht en smacht en acht en veracht en verwacht (ofwel existeert). Iedere mens kent waarde en betekenis toe aan wat hij ervaart en beleeft.

Uiteindelijk leidt iedere waarheid ergens naar toe.

De waarheid kan werelden vernietigen. Het kan werelden in stand houden. Het kan werelden opbouwen. De waarheid leidt tot vereniging of scheiding van werelden. Waarheid leidt tot oorlog en onderdrukking in een mensensamenleving. Waarheid kan ook tot vrede en tolerantie leiden.

Ik ga een stapje verder.

Een dictator staat in zijn recht en in zijn waarheid.

Ditzelfde geldt ook voor de regeringsambtenaar in een democratie. Ook deze man of vrouw staat in zijn recht en zijn onbetwistbare waarheid.

Een ieder staat in zijn waarheid en daardoor tevens in zijn recht.

Rechtvaardigheid is niets anders dan dat dit begrip eigendom is van ieder levend menselijk individu. Iedereen staat in zijn recht of haalt zijn recht.

Recht wordt je gegeven of je moet jouw recht bevechten om het te verkrijgen.

Welke intentie een mens dan ook heeft, iedere mens staat in zijn recht!

Kwaadwillend, goedwillend, bewust of onbewust, een ieder handelt en denkt en fantaseert en existeert vanuit het levensgevoel dat *rechtvaardigheid* heet!

Vanuit mijn meta- standpunt bezien is dit de waarheid.

Hierin bezie ik de mens van een grote afstand.

De drang van dictators en van andere wereldveranderaars is om een nieuwe orde te creëren of een nieuwe wereld. Een wereld gelijk aan hun beeld van de waarheid.

Zoals de band Tears for Fears al zong: 'Everybody wants to rule the world'.
Zo is het ook.

Iedere mens wil zijn invloed/recht laten gelden. Het feit dat hij existeert betekent dat hij een stem heeft en misschien een visie of hoogstens een mening of een waarheid /overtuiging/ paradigma .

Het feit dat de mens geboren is wil tevens zeggen dat hij recht heeft van spreken, van handelen, van zijn en worden. Iedere mens die bestaat en het leven doorleeft, leeft van uit zijn onbetwistbare recht en zijn onbetwistbare waarheid.

De mensenwereld is wat dat betreft één grote jungle van wezen die in hun waarheid staan en in hun recht.

Zij existeren en leven en daardoor hebben zij recht van spreken en zij leven vanuit waarheid/ overtuiging/paradigma.

Er is geen onderscheid te maken tussen iemand die kwaad doet of goed doet in deze.

Beide entiteiten hebben recht van spreken en beide leven vanuit waarheid.

Beide leven en het is hen blijkbaar gegund te mogen leven en zich te ontwikkelen tot wezens die een waarheid of waarheid kennen.

De maatschappelijke orde is bang voor het onvoorspelbare feit dat mensen achter hun recht staan en in hun eigen waarheid leven.

Op soms extreme wijze vecht de wereld tegen de gerechtigde mens die in zijn waarheid staat.

Men zet de gevaarlijke mens gevangen voor jaren of men beëindigd zijn leven zodat deze levende waarheid gedood is en geen kwaad of onrust meer kan veroorzaken.

Ook vernietigt men boeken die kwaad zaaien of niet voldoen aan de waarheid van de wereldorde.

De wereldorde heeft haar burgers onder de duim door te bepalen voor de burger wat zijn rechten zijn en wat waar is en wat goed. De orde bepaalt wat men moet voelen en wanneer en welke gedragingen getolereerd zijn.

In het meest harmonieuze geval integreert de burger de regels van het recht van de wereldorde en ook de waarheden die ertoe doen met zijn eigen visie van recht en waarheid.

Een mens die desondanks vanuit zijn eigen recht handelt en leeft wordt gezien als een verdacht en onbetrouwbaar sujet. Op z'n minst wordt hij ervaren als een asociale persoonlijkheid of soms als ziek en gestoord. En indien men vanuit liefde en mededogen en humaniteit denkt en handelt, beschouwt men deze persoon als iemand die nog niet aangepast is en men heeft dan begrip voor deze mens en geeft hem een therapeutische kans om zichzelf te veranderen of zich te ontwikkelen tot een beter mens.

Het volgende moet gezegd, collega *realiteit reiziger*:

Mensen zijn gevaarlijk !

Boeken zijn gevaarlijk !

Verschillende visies leren kennen is gevaarlijk !

Filosoferen is gevaarlijk !

Vrij denken en voelen en beleven is gevaarlijk!

Ik waarschuw jou hierbij.

Zo is het realiteit reizen zeker niet zonder risico's.

Realiteit reizen is niet perse een groot feel good-avontuur.

Thuiskomen in een veilige haven is dan ook niet geheel vanzelfsprekend te noemen.

Weet dus met wie je in zee gaat.

Sta open of sluit je af voor de verkeerde invloeden in je leven.

Weet desondanks alles dat jij in je hoogste persoonlijke recht staat en in jouw heilige waarheid.

Deze wetenschap kan niemand jou afnemen.

In essentie ben jij waarheid en handel jij en spreek jij vanuit jouw recht. Jouw blote bestaansrecht!

Wat er ook gebeurt, niemand kan jouw ziel afnemen of vernielen.

Jouw wezen. Jouw eigenheid.

Of je nu goed bent of slecht, je bent wie je bent.

Je staat waar je staat.

Van mij, jouw mede *realiteit reiziger*, hoef jij niet te veranderen.

Misschien wil je zelf wel veranderen of voel je je schuldig over wat je doet of gedaan hebt of gedacht.

Wat je wilt voelen, is aan jou.

Deal met jouw innerlijke vraagstukken.

Tot slot van dit hoofdstuk zeg ik tegen jou:

'Wees trots op het feit dat je bestaat'.

   En...

 'Niets is vanzelfsprekend'.

Voelen

Wat is voelen? Wat is denken? Er komen gedachten uit mij die zich vormen tot woorden die ik spreek of die ik opschrijf. Wat is intuïtie? Wat is instinct? Allerlei begrippen die ofwel naast elkaar staan of elkaar in de weg staan. Wat is er eerst, een gedachte of een gevoel? Ik denk (jawel 'ik denk'!) dat het credo van de denker Descarte : 'Ik denk, dus ik ben' is. Mijn gevoel vertelt me wat ik denk of wat ik ga denken. Ik denk dat er geen totale vrijheid bestaat van gedachten. Ik denk dat de gedachten geworteld zijn in het voelen. Het voelen is de bron van de gedachten of de woorden die men uitspreekt of schrijft. Ik voel me in de praktijk een met mezelf. Een met mijn gehele huishouding. Ik denk ook dat ervaren of beleven iets is wat ons hele wezen aangaat. Ik las ooit dit: 'Ik dans, dus ik besta'. Dat vind ik mooi. Bestaan er mensen die eerst denken en er dan zijn of zijn er ook andere type mensen? Mensen die dus dansen en zijn of voelen en zijn. Nog een vreemde vogel: ik word mij bewust van mezelf, dus ik ben. Bewustzijn van alles om je heen of bewustzijn van jezelf. Wat gebeurt er in godsnaam allemaal met me? Dat is de vraag. De mens is, mijns inziens, een warrige massa van velerlei krachten die maken dat hij denkt, voelt, danst en bestaat. Een teken van innerlijk leven is dat men iets ervaart. Waarmee ervaart men dan? Men ervaart (volgens mij) met alles wat een mens is en kan zijn. Alles.

Ik zou gevoelvol willen schrijven. Op zo'n manier dat mensen kunnen voelen wat er uit de woorden spreekt. Ik durf hierbij niet over denken te praten, wel over het gevoel. Vanuit het voelen ontstaan denkvormen. Althans, bij mij wel. Dat voel ik. Denken ervaar ik niet als allesbepalend. Wel als middel tot communicatie en gesprek.

Ik hoor wel eens mensen vertellen dat ze piekeren en malen en dat de mind rusteloos is. Ik ken het wel van vroeger. Die onwelkome gedachtestromen. Gedachten die op hol slaan. Als nu de gedachten van iemand op hol slaan, slaat het gevoel dan ook op hol?

Ik denk en ik voel dat een mens een totaliteit is.

Ik denk en ik voel dat het denken altijd concluderend is en een soort vliegensvlugge evaluatie biedt van wat een mens ervaart of doet of beleeft of voelt. Een gedachte die spontaan in je op komt vertelt je iets over wat je meemaakt of ondergaat. De gedachte komt na de daad. Of de daad uit de gedachte voortkomt weet ik niet. Zijn gedachten zo snel dat ze mijn handelingen veroorzaken? Of moet ik het dan toch eerder zoeken in een dieper voelen? Intuïtief weten misschien? Hoe je het ook maar noemen wilt. Eerder dan mijn denken ontstaat de bron van het denken. Mijn ganse wezen. Mijn gedaante.

Ik ervaar mezelf als een levende ziel. In mijn denken en voelen maak ik geen verdeling tussen ziel, lichaam en geest. Nee, ik ben mezelf. Ik ben dat geheel dat ervaart en beleeft. Anders kan ik het niet benoemen. Ik ben een ervarend en belevend wezen. Eerst is er een ervaring van het geheel dat mens heet en dan is er de gedachte. De gedachte of het woord komt pas aan het einde van een ingewikkeld proces. Een mens spreekt en denkt als hij of zij daar de behoefte toe voelt. Of de drang.

Verbindingen

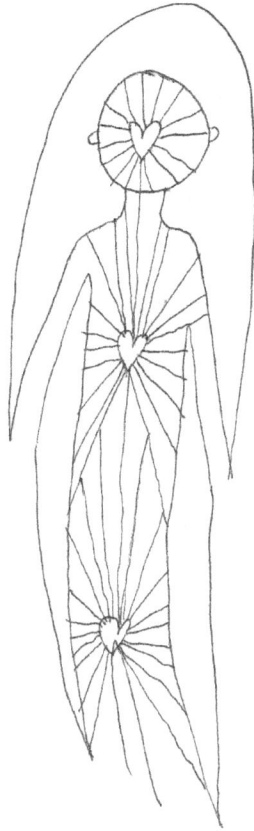

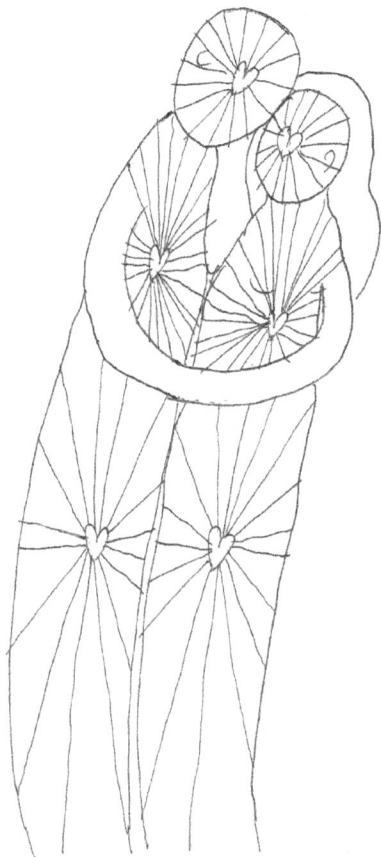

Een wonderlijk avontuur van Zonnetje en Ali Baba

Er was eens een lief, klein mensenkind.

Zonnetje was zijn naam.

Zonnetje leed aan een heel ernstige en levensbedreigende ziekte,

Een chronische ziekte die we 'grijze massa' noemen.

Grijze massa is een tumorachtig geval dat binnen in Zonnetjes holle hersenpan zat en daar zijn grijze leven leidde.

Vanaf zijn geboorte had Zonnetje al last van deze naargeestige tumor.

Grijze massa leefde zijn leven in Zonnetjes hoofd en hij hield van Zonnetje.

Grijze massa kickte op Zonnetje.

Als een enorme spons zoog grijze massa de ervaringen van Zonnetje uit zijn gehele lichaam, geest en ziel en liet Zonnetjes uitgezogen, levende lijk achter.

Zonnetje was zich niet bewust dat hij ook nog leefde of ervoer.

Grijze massa overheerste Zonnetje volledig.

Grijze massa beheerste Zonnetjes leven.

Arme Zonnetje.

Als Zonnetje zich verliefd voelde op een lief meisje zei grijze massa tot Zonnetje:

'Nee, Zonnetje, niet jij bent verliefd op dat meisje.

Ik, grijze massa, voel verliefdheid voor dat meisje.
Ik voel liefde'.

Voelde Zonnetje zich eens verdrietig, dan vertelde grijze massa
dat hij het was die zich verdrietig voelde.

Dan was Zonnetje boos.

Grijze massa beweerde dan dat hij het was die zich boos
voelde.

Prikte Zonnetje zich in zijn vinger,

Dan beweerde grijze massa dat hij het was die pijn voelde.

Zo leefde grijze massa via Zonnetje.

Als een grote enge parasiet in het wezen van Zonnetje.

De parasiet zoog alle ervaringen uit Zonnetje en deed Zonnetje
geloven dat hij slechts een marionet was van grijze massa.

Een gevoelloze pop die bespeeld en bezield werd door grijze
massa.

Zonnetje geloofde heilig in wat grijze massa hem vertelde.

Zo leefde grijze massa in Zonnetje. Jarenlang.

Tot op een dag…..

Zonnetje een heel bijzonder mens ontmoette.

Onwetend over wat de dag hem zou brengen zat Zonnetje op zijn werk in de pauze koffie te drinken terwijl hij dacht dat grijze massa koffie dronk.

Grijze massa vond de koffie lekker en zoog alle ervaringsenergie uit Zonnetje.
Iemand kwam naast Zonnetje zitten.

Grijze massa voelde dit en op zijn commando draaide hij Zonnetjes hoofd richting degene die naast hem was komen zitten.

Zonnetje oftewel grijze massa zag een vreemde kerel die ook koffie dronk.

De man keek Zonnetje, die dacht dat hij grijze massa was, aan en lachte vriendelijk naar hem.

'Goedemorgen' zei de man.

Zonnetje, die dacht dat hij grijze massa was, groette de man.

De man gaf de robot of lege huls gevuld met grijze massa die zich Zonnetje noemde ongevraagd een ferme hand.

'Aangenaam, ik ben Ali Ba Ba, wie ben jij?' zei de man.

Grijze massa die Zonnetjes lichaam, geest en ziel onder controle had loog:

'Ik ben Zonnetje'. (maar dat was ie natuurlijk niet)

De man lachte weer en nam een slokje koffie.

Zonnetje die zelf klein van gestalte was keek op tegen de lange verschijning van Ali Ba Ba.
Deze haalde zo maar een kleine zaklantaarn te voorschijn.

'Zonnetje, weet jij wat dit is?'

'Ja, een zaklantaarn'. Dit zei grijze massa die het ding onderzoekend bekeek.

'Nee hoor, zei Ali Ba Ba, dit is een chirurgische laser'.

Ali Ba Ba deed het ding aan en scheen met de zaklantaarn recht in het gezicht van Zonnetje.

'Met deze chirurgische laser ga ik jou onderzoeken', zei Ali Ba Ba.

Voor Zonnetje of grijze massa het in de gaten had, onderzocht Ali Ba Ba Zonnetjes hoofd met de zaklantaarn. Hij scheen in zijn rechteroor en dan in zijn linker om daarna in zijn beide ogen te schijnen.

Zonnetje die dacht dat hij grijze massa was, was perplex.

Wat gebeurde er met hem in godsnaam??

'Aha, zei Ali Ba Ba, 'ik weet wat er aan de hand is'.

Zonnetje, die nogal onder de indruk was van wat Ali Ba Ba allemaal bij hem uitspookte, zei:

'Wat dan?'.

'Iets zeer ernstigs' zei Ali Ba Ba en hij keek hem bedachtzaam aan.

Ali Ba Ba schudde met zijn hoofd en mompelde:

'Mm…..jaja……aah, zo….
Ik zal jou moeten opereren Zonnetje, anders komt het niet goed met jou'.

Zonnetje, die grijze massa was of grijze massa die Zonnetje was, begreep er niets van.

Wat ging Ali Ba Ba doen?

Ali Ba Ba legde zijn handen op Zonnetjes hoofd.

Voorzichtig bewoog Ali Ba Ba zijn handen.

Zonnetje oftewel grijze massa voelde dat zijn hersenpan werd geopend.

Heel voorzichtig maar handig en zorgvuldig verwijderde Ali Ba Ba grijze massa uit het hoofd van Zonnetje.

Heel voorzichtig.

Zonnetje wist niet wat er precies gebeurde maar opeens werd hij overspoeld door gewaarwordingen en emoties en andere gevoelige zaken.

Zonnetje voelde.

Zonnetje proefde.

Zonnetje hoorde.

Zonnetje zag.

Zonnetje wist.

Zonnetje beleefde.
Voor het eerst van zijn heel lange leventje leefde Zonnetje en ervoer hij op eigen kracht.

Zonnetje werd zich bewust dat hij leefde en dat hij dit meemaakte.

'Kijk' zei Ali Ba Ba, 'dit zat in jou hoofd'.

Ali Ba Ba liet hem de grijze massa zien die bewegingloos op zijn handen lag.
'Wat is dat nu?' zei zonnetje.

'Dat is…..'

en Ali Ba Ba blies met getuite mond tegen de grijze massa aan.

Deze ontplofte met een dof geluid.

Een grijze wolk was wat overbleef van het ding.

'…stof ' zei Ali Ba Ba.

Zonnetje voelde zich ontzettend opgelucht.

Vrij voelde hij zich in zijn hoofd.

Toch ook wat onwennig.

Het was wat leeg in zijn hoofd.

Wat te leeg.

Na jaren rondgelopen te hebben met grijze massa in zijn hoofd, voelde hij zich wat vreemd.

Zonnetje klopte met zijn hand tegen de zijkant van zijn hoofd. Het klonk wat hol.

'Ali Ba Ba, nu ik niets meer in mijn hoofd heb, mis ik iets wat mij opvult.

Ik voel me leeg in mijn hoofd'.

Ali Ba Ba dacht na en bewoog zijn handen boven Zonnetjes hoofd.

Zonnetje voelde zachte, kriebelige tintelingen in zijn hoofd.

Zo zacht en teder voelde het aan dat Zonnetje zijn ogen sloot van genot.

Ali Ba Ba maakte het hoofd van Zonnetje weer dicht.

'Zonnetje' zei hij, 'ik heb de holle ruimte in jou hoofd gevuld met zachte donsveertjes die zacht zweven en je strelen'.

Zonnetje lachte en voelde de streling en de zachte rustgevende beweging van de veertjes in zijn hoofd.

Zonnetje keek Ali Ba Ba dankbaar in de ogen.

Hij wist dat dit het mooiste geschenk was dat hij maar van iemand kon krijgen.

Vanaf die dag trok Zonnetje steeds meer met Ali Ba Ba op en samen beleefden zij de meest wonderlijke avonturen.

Wetenschappelijk bewezen

Wij zijn de ongezienen, de onkenbaren, wij zijn ontkend, wij zijn ziende onzichtbaar, voor jouw bemoeizuchtige blikken. Je ziet ons vanaf de oppervlakte en verder ben jij niet in staat tot kennen of zien, echt zien, echt kennen doe je niet. Ons te doorgronden lijkt voor jouw stoffelijke mensenogen niet mogelijk. Wij zijn de anoniemen, de aantallen die bij elkaar opgeteld de massa vertegenwoordigen. Wij gaan voor het oog samen op, maar wij zijn geen wij in die zin. Wij zijn geen gezamenlijke noemer. Wij zijn vele individuele ikken wier innerlijke motieven en innerlijke waarheden niet bij elkaar vallen op te tellen. Wij zijn niet te onderzoeken en de wetenschappelijke en maatschappelijke onderzoeken falen omdat zij eigenlijk niet in staat zijn te weten, want de individuele ziel is nooit gekend en al helemaal niet op een maatschappelijk of wetenschappelijk niveau. Pas als ik een T-shirt draag met het opschrift *Ik ben wetenschappelijk bewezen,* zullen jullie geloven in mijn bestaan. Pas wanneer de wetenschap zover is gevorderd dat zij een individuele ziel kan doorgronden, meten en kennen, zullen mensen geloven in mij en in jou, want ja, zeg eens eerlijk, ben jij wetenschappelijk bewezen?! Wij, jij en ik, de onzichtbaren, zijn tegelijkertijd ook de onvoorspelbaren. De oncontroleerbare incidentele gevallen. Daaronder schaart men ons, want men heeft ons niet onderzocht als er al onderzocht is. Wij behoren feitelijk tot een doelgroep, maar nooit bezitten wij de symptomen van deze doelgroep en wij vallen er altijd buiten. Dit is ons lot. Wij zijn ongekend en onkenbaar en niet te meten en te vatten. Word je nu niet bang of wat geïrriteerd? Wil jij zo zijn zoals ik jou omschrijf? Zoek jij nog steeds begrip bij de anderen? Ben jij bang om niet begrepen te worden of word jij vaak of nooit begrepen? Voel jij je aangesproken als ik de hedendaagse menselijke conditie die ik voor me zie onder woorden breng? Weet je, de anonieme massa, de getelde mensen binnen landsgrenzen, zeggen iets, maar het wezenlijke blijft verborgen. Alleen binnen een kring van vertrouwelingen en geliefden kan begrip ontstaan. De mensen die jou het meest naast staan, zijn in staat om door jou heen te kijken. Wellicht zijn er meerdere situaties te noemen waarin een soms zeer diepgaande band wordt gesmeed tussen mensen zodat vertrouwen en begrip ontstaan. Een vertrouwen waarin mensen elkaar (h)erkennen en ze begrip voor elkaar hebben. Dit is iets wat men zelden vindt. Relationele verbindingen waardoor mensen zichzelf volledig bloot geven zijn zeldzaam te noemen. Deze situatie vindt plaats in volledig vertrouwen en binnen een sfeer van geborgenheid.

Over mensen, dingen en de dingetjes

Ik raak soms ontroerd en geraakt door de band die mensen aangaan met hun dingetjes. Mensen omringen zich met talloze zinvolle voorwerpjes. Foto's in een fotolijstje, kopje thee, schoteltje, theelepeltje, tafeltje, stoeltjes, vuuraanstekertje, pakje sigaretten, suikerpotje, een schaaltje met melkcupjes, of een melkkannetje, tv'tje, dvd-recordertje, boekjes in een boekenkastje, standbeeldje en ouderwets klokje op de schouw, koelkastje met flesjes bier, etc. Mensen omringen zich met van alles. Zo schrijf ik deze tekst op een papiertje in klad met een rood pennetje, terwijl ik een kopje cappucino drink op een terrasje.

Mensen dragen kleertjes en kettinkjes en armbandjes en ringetjes en oorbelletjes en piercings.

Een mens kan mij zeker ontroeren indien ik in de juiste stemming ben of in de juiste gemoedstoestand. Ietwat van een afstandje sta ik dan te kijken naar deze vreemde levensvormen met hun typerende eigen(aardig)heden. De dingetjes die de mensen om zich heen verzamelen hebben soms een praktische waarde of hebben een diepgaande emotionele lading. Mensen zijn verbonden met de wereld van de dingetjes en de dingen en zijn zeer gehecht aan het gemak dat de dingen hen verschaffen. De dingen geven de mensen zekerheden. De een is zeer gehecht aan zijn autootje. De ander koopt graag mooie kleertjes. Van alles kan waarde hebben voor een specifiek persoon. Een mens is gehecht aan zijn dingetjes. De dingetjes geven de wereld van de mensen kleur en fleur. De mensen kunnen pas iets doen als zij dingetjes hebben. Zo pakt een zwerver een leeg blikje van de straat en vult deze bijvoorbeeld met water. Het verzamelen van plastic zakjes geeft de zekerheid dat men er altijd iets in kan doen en het op deze manier kan bewaren en vervoeren. Wat is de mens zonder zijn dingetjes?

Stel nu dat er in plaats van al die ontelbare dingetjes één ding ontwikkeld wordt dat al die dingen en dingetjes vervangt. Wat zou dit betekenen?

Het zogenaamd hypothetische *Ding der Dingen* zou een ereplekje krijgen in de kamer van een persoon en deze zou hiervan veel plezier ondervinden. Geen enkel dingetje zou nog verloren raken of rondslingeren. Geen verdwenen sokken meer of autosleutels of verdwenen mobieltjes of andere zinvolle en grappig te noemen gadgets.

Alles zou te gebruiken zijn binnen het *Ding der Dingen* dat veiligheid en zekerheid en overzichtelijkheid zou kunnen geven aan de consument. Geen huis vol met ontelbare dingetjes. Eén *Ding der Dingen* zonder verdere poespas! Onmisbaar zou het voorwerp zijn. Zeer handig in gebruik zou het zijn en een ieder zou het zonder ingewikkelde handleiding kunnen bedienen.

Het zou wel heel erg overzichtelijk en netjes zijn in straten en huizen en op andere plekken waar mensen komen. Overal op een cruciaal punt één *Ding der dingen*. Geen afvaldingetjes meer en geen zinloze wegwerpvoorwerpen.

Zeg eens eerlijk, grappig en ontroerend menswezen, wat vind jij van deze grote ultieme oplossing voor de wanordelijke stroom van dingetjes in onze samenleving? Sta jij open voor deze nieuwe technologische ontwikkeling? Wil jij verlost worden van de overbodige tijd die jij besteedt aan het zinloze gezoek naar waar jij de dingetjes hebt neergelegd die jij weer eens kwijt bent? Het scheelt veel tijd en stress.

Dat overbodige heen en weer gewandel en geneuzel in huis als je bezig bent met al die dingetjes die jouw aandacht vragen. Ach, ik zou persoonlijk de overbodige tijd die de dingetjes veroorzaken wel missen. Als mens houd je van het 'zinloze' gewandel naar de slaapkamer en weer terug naar de klerenkast en vandaar weer naar de douche of de keuken om iets te zoeken en dat vele keren op één dag. Mensen die binnenshuis hun driften volgen en van hier naar daar wandelen doen mij denken aan een individuele straatmier die haar weg zoekt tussen en op de tegels van het voetpad om van A naar B te wandelen en weer terug. Zo op het mensenoog zinloos om te doen. Zeer overbodig.

Voor de mier in kwestie zullen deze acties zeer zinvol zijn.

Indien er goden zijn die vanuit de wolken ons mensen zien wandelen, zouden ook zij hier geen enkele zin in kunnen ontdekken. Mensen zijn in deze net als straatmieren. Waarmee zij zich bezighouden is zichtbaar, maar de intrinsieke zin van dit gebeuren blijft zelfs voor de grote goddelijke toeschouwer verborgen.

Ook de diepere reden waarom mensen dingetjes hebben en deze steeds vergeten en weer opzoeken zal de grote goddelijke ogen ontgaan. Op voor ons mensen geheimzinnige wijze zullen de hogere bewustzijnsvormen ons menswezens blijven observeren vanuit een ongekende en tomeloze fascinatie waarmee zij hun godendagen kunnen vullen. En wat is nu de zin ervan dat goden hun dagen vullen met hun enigszins zinloos te noemen observaties? Het ogenschijnlijk zinloze is een realiteitsaspect dat misschien wel geldt voor alles wat existeert. In alles is deze zijnslaag te vinden. Iedere hogere bewustzijnsvorm heeft hiermee te maken en ook de lagere bewustzijnsvormen zijn eraan onderhevig. De straatmier weet niet alles, de mens ook niet en ditzelfde geldt zeker ook voor de goden. Zelfs de goden weten niet alles! Dat geeft toch wel te denken of niet soms?

Openbaringen

Profeten, mediums, channelers, paranormaal begaafden en andere gevoelige mensen staan in contact met zichzelf en dat wat hen lijkt te overstijgen. Vormen van automatisch schrift ontstaan en er wordt hen iets geopenbaard. Wat zich openbaart kan zijn: de wil van God, een groter verband van wat werkelijkheid is, een boodschap van andere vreemde of hogere bewustzijnsvormen, van geesten, doden of engelen. Er wordt geopenbaard door grote profeten die dan als heiligen op een voetstuk worden gezet door volgelingen van een bepaalde leer of godsdienst. Openbaringen worden dan gezien en ervaren als heilig en onaantastbaar. Openbaringen zijn van dien aard dat zij niet verward moeten worden met wetenschappelijke kennis en praktisch te noemen know-how. Openbaring is datgene wat zich openbaart en manifesteert vanuit een individueel wezen. Deze probeert dan bij anderen kond te doen van wat hij doorkreeg. Het openbaren heeft dus betrekking op een individu. Er is sprake van een openbaring als deze uiting een op het oog ondoorgrondelijke tekst en/of boodschap bevat. De openbaring wordt bewaard en er mag geen woord aan toegevoegd worden noch een woord ervan afgenomen. Het is wat het is. Een gegeven in een tijdloos moment. Het lijkt afkomstig uit een andere wereld. Uit een ongekende werkelijkheid die lijkt te communiceren via een orakeltaal die niemand lijkt te verstaan. Een tekst die voor velerlei uitleg vatbaar is. Een openbaring is een geschenk van een individu aan de mensen die openstaan om deze openbaring te ontvangen. Een openbaring is een geschenk. Het individu van wie de openbaring afkomstig is, zal voelen en ervaren dat de woorden en begrippen die uit hem voortvloeien aan zijn diepste wezen appelleren. Een hoogst individuele taal die tot inspiratie kan zijn voor andere mensen van de gemeenschap waartoe dit individu behoort. De taal van de openbaring overstijgt de gewone praktische betekenis van de taal. De openbaring spreekt in zielentaal. De taal der zielendromen en zielenwerkelijkheden. Talen die onverstaanbaar zijn indien zij letterlijk worden genomen. Openbaringen bevatten symbolische taal. Een concentratie van betekenis die spreekt tot andere lagen der werkelijkheid en zich niet verhoudt tot een letterlijk en historisch niveau. Vanuit het alledaags spreken en begrijpen, is een openbaring dwaasheid ten top te noemen. Op het niveau van (be) leven, ervaren en begrijpen leest een mens de tekst en ervaart het onbegrip over wat hij met de openbaring aan moet. Wat is de zin van deze profetische waan en onzin? Alleen het wezen dat de openbaring ontving, zal voelen en ervaren wat het precies is en toch zal het niet kunnen uitleggen wat de openbaring precies betekent, omdat de concentratie en de intensiteit van het openbaren in een tijdelijk verhoogd bewustzijn plaatsvindt. Een verhoogd bewustzijn dat in een korte of lange wijle zinnen en hun samenhang orakelt. Door de intensiteit van een geopenbaarde tekst zullen mensen die erdoor getroffen worden de onbegrijpelijke woorden tot zich nemen en de diepere betekenissen tot diepere lagen van hun wezen laten doordringen alwaar zij beïnvloed en gevormd zullen worden.

Waan en waarheid

Sommige wanen trekken mij

en ik ben gefascineerd door wat waan is en wat waarheid.

Ik ben bijvoorbeeld geïnteresseerd in de massawaan van
de Global Community.

En ook in de massawaan dat er mensen op de maan waren.

Ook het fenomeen dat de holocaust ontkend wordt, vind ik
uitermate fascinerend.

Denk jij wel eens na of deze zaken echt ertoe doen, dat zij
echt realiteit zijn of waren?

In hoeverre word jij door de geschiedenisboekjes en de
ideologie die hierdoor spreekt gemanipuleerd en
gehersenspoeld?

Word jij gemanipuleerd?

Zo ja, door wie en door wat en hoe?

In hoeverre zijn wij geprogrammeerd om te voelen en te
denken?

Wat is van ons en wat niet?

Wat is jouw visie en wat niet?

In welke (door de media opgedrongen) realiteit leef jij?

Het geheime leven van een *realiteit reiziger*

In connectie met het magische, het wonderlijke, het onmogelijke, het kleine, het nietige, het grootse, het meer, het minder, het lieftallige, het egoïstische, met schoonheid, het leven, innerlijk en uiterlijk, levend in een droom, de realiteit liefhebbend in al haar aspecten, vol van inspiratie, vol van potentie, klein en toch levend op een grote voet, en er is meer...

Mijn wens, mijn diepe wens, was om de vliegende wezens niet meer bang te maken. Zelfs de kleinste wezens niet meer, die vliegen, kruipen, lopen, schommelen, dansen of zweven.

Zo liep ik op de stoep onder invloed van de muziek op mijn discman (met koptelefoon) en ik voelde me goed en licht energiek. Zo liep ik en de vogels vlogen hun eigen weg en plots kruiste een ekster in zijn eigen tempo mijn weg. Hij leek geheel op mijn wandeltempo ingespeeld en liep zijn eigen weg schuin voor me langs. Chemie is dit. En een andere vogel passeerde ik zonder dat deze wegvloog. De boodschap is aangekomen dacht ik. De vliegende wezens in Assen weten dat zij niet meer bang hoeven te zijn voor een wandelend wezen dat volstrekt ongevaarlijk is. Alleen de mussen zijn nog zeer voorzichtig en vliegen weg als ik minstens drie meter van ze af loop. De ekster, de kraai en de kauw zijn het minst bang voor me. Ik hou van ze. Zij zijn goed zoals zij zijn. Nestenrovers zijn het en eierdieven. En toch hebben ook zij schoonheid. Oh ja, kauwen eten hondenpoep. Dat heb ik redelijk vaak gezien. Maar dat doet zeker niet af aan hun schoonheid. Ik weet dat zij *getuigen* zijn. Dat is hun transcendente taak en hun verbinding met de mensen. Zij eten en drinken en verzorgen elkaar en hun jongen, maar zij zijn meer dan alleen maar 'dieren' die biologisch zijn en worden gecategoriseerd volgens natuurboeken. Zij hebben misschien meer potentie in zich dan arrogante mensen denken. Mensen die hersenen ontleden, de inhoud meten en met elkaar vergelijken. Zij vergelijken appels met peren en bananen. Een kraai is geen aap en die weer geen regenworm en die weer geen dolfijn en die weer geen mens. Om intelligent te zijn, hoef je echt niet over enorme hersenen te beschikken. Nee, de nestenrovers heb ik hoog. Ooit zag ik in Kampen een dood jong kauwtje op de grond liggen, onder de bomen waarin een groep kauwen hun nest hadden. Uit het nest gevallen waarschijnlijk. Wat een verlies zal dat zijn geweest voor de ouders.

Ik heb het ook eens gezien vanuit mijn slaapkamerraam. Ik was er getuige van. Bij de overburen hadden een kauwenechtpaar een nest onder de dakpannen. Al een tijdje zaten zij daar. Op een gegeven moment werd ik er mij bewust van dat ik ze dagen niet had gezien. Wat mij opviel was dat een mannelijke huismus nabij de dakpannen postte en het leek alsof hij de wacht hield bij het nest. Later zag ik dat het echtpaar weer bij het nest kwam kijken. De huismus zat er op een afstandje bij. Ik kreeg het gevoel dat de kauwtjes rouwden om hun verloren broedsel. Waarschijnlijk hadden zij al eieren, maar was er iets misgegaan tijdens de bevruchting en was de inhoud dood. In dat geval kwamen de kauwtjes terug om te rouwen, in het besef dat zij iets heel waardevols verloren hadden. Daarop gingen zij weer weg en een lange tijd later kwamen zij opnieuw kijken hoe het met het nest was gesteld. De huismus zag ik niet meer terug. Die had zijn werk gedaan. Iedere keer kwamen de kauwen terug bij hun nest (huis) en iedere keer keken ze even onder de pannen. Wat een ingrijpend verdriet moet dit voor ze zijn geweest om zoiets dierbaars te verliezen. Pas veel later viel het me op dat zij iets wits en pluizigs uit het nest haalden. Ik had het gevoel dat zij het nest aan het opruimen waren of iets wilden weggooien. Sindsdien heb ik ze niet meer gezien.

Alle vogels hebben contact met elkaar, zelfs de tamme en de wilde hebben respect voor elkaar. Zij geven elkaar ruimte om te leven en te eten en te zijn. Dit zag ik aan de kippen in het hok van mijn ouders. De mazen van het gaas zijn zo groot dat de mussen erdoor kunnen en op het vreemde territorium graan pikken dat voor de kippen bestemd is. Zij laten dit gewoon toe en de mussen waren helemaal niet bang voor hun omvang en aanwezigheid. Kippen zijn veel groter en toch voelen mussen zich niet bedreigd. In de intieme kring van vogels spelen zich wel drama's af en die vormen weer het levensverhaal van die individuele vogel. Ik had het al over de kauwtjes onder de dakpannen van de overburen. Zo zijn sommige vogels tijdelijk rovers en andere vogels (of hun jongen of eieren) hun prooi. Dit is de duistere zijde van de vogel. Dit creëert een drama binnen een kleine of grote kring.

Wat de drijfveren zijn waarom vogels iets doen, zijn soms onduidelijk en niet te duiden.

Vogels zwermen en vliegen gezamenlijk ingewikkelde figuren en dat vraagt om een uitzonderlijke chemie tussen de individuen. Iedere individuele vogel gaat op in de zwerm. Zonder afspraken te maken vliegt ieder mee in de vlucht. Zonder een agenda te trekken ontstaan de samenkomsten van de vogels in hoge bomen of struiken. Op een onzichtbaar teken vliegen zij massaal op en vliegen dat het een lust is voor het mensenoog. Want ik, de beschouwer, ziet dit gebeuren. Het is iedere keer weer een wonder om dit te mogen aanschouwen. Wat zijn deze vliegende wezens aan het doen en wat drijft ze? Veel levenslust zo te zien en drang naar existentiële uitingen van een opvliegende soort. Een keer in de zoveel tijd om onbekende redenen en op ongekende tijdstippen zwermen de vogels. Dat doet mij soms denken aan de diepzee waarin scholen van vissen net zulke bewegingen maken. Ik denk dat het een uitingsvorm van geluk en vreugde is wat deze *vliegende Boeddha's* voelen. Ware vliegkunst. Ik voel aan wat er meer is aan de vogels. Soms zie ik ze individueel op een lantaarnpaal zitten. Dan zitten zij daar lekker relaxed, zonder bezig te zijn met zaken als voedsel zoeken of zichzelf of elkaar verzorgen. Dan doen zij niets. Dan existeren zij en beleven genoegen aan het bezien van de wereld om hen heen en aanschouwen zij (net als wij mensen de vogels bekijken) de mensen die alom aanwezig zijn op aarde. Dan zijn zij *getuigen* van de mensenwereld. *Getuigen* van de opkomst en wellicht de ondergang van het mensenras. De vogels zijn net als de mensen overal aanwezig. In steden, op het platteland, in parken en bossen, op meren, rivieren en in kanalen. Vogels zien naar mijn idee meer dan wij weten. Zij transcenderen op hoger niveau. Biologen en bijbelkenners bagatelliseren de vogels en ook de andere diersoorten. Zij vinden dat ze op een lagere trap in de voedselketen staan en dat ze alleen instincten hebben. Maar pijn en lijden kennen zij ook. Je mag dan ook geen dieren mishandelen. Dat vinden wij gemeen. Dat willen wij, mensen, het überrasch, nog net wel erkennen, maar meer ook niet. O ja, en de bijbel vertelt ons dat de mens de kroon is op de schepping en dat hij heersen zal over de dieren. Dat is geen indiaanse wijsheid te noemen, denk ik. Indianen zagen zichzelf als even belangrijk als een hert, wolf of een bizon. De mens heeft zogenaamd (zelf)bewustzijn en de dieren niet. De wetenschappers bewijzen dit door de hersenen van een mens te vergelijken met die van andere levende wezens (ridicuul genoemd: dieren).

Wetenschappers zijn geobsedeerd door hersenen en door anatomie en zij willen andere mensen ook graag bijbrengen dat dit van belang is. Ze snijden in dode lichamen om hiermee kennis op te doen. Wat is wetenschap en hoe verhoudt deze zich tot de vele menselijke volkeren die er bestaan en bestaan hebben? Waren de mensen in tijden zonder de wetenschap ook tevreden en goed zoals zij waren of moeten wij, hedendaagse mensen die in een modern land wonen, geloven dat wetenschap het grote heil brengt? Tja, wetenschap brengt vooruitgang in techniek en in de gezondheidszorg. Wij hebben knappe dokters, hoogbegaafde professoren, managers en politici, en we hebben democratie. Wij hebben kranten, dagbladen, glossy's en wij hebben talloze fabrieken die weer talloze gebruiksvoorwerpen produceren. Zijn wij beter dan beschavingen zonder deze wetenschap? Zijn wij ontwikkelder? Wat zijn wij? Ik hang het romantisch te noemen beeld aan dat een mensencultuur ook zonder televisie kan, zonder computers, boeken, automobielen, fietsen met versnellingen, brommers en Rolls-Royces. Wat is een mens zonder deze ontwikkelingen? Is dit nu vooruitgang? Ik weet het niet. Ik zet mijn vraagtekens bij deze mensenwereld. Ik weet wel dat ik niet meer zonder deze wereld kan leven. Ik moet wel een computer hebben, een stereotoren, een televisie, een magnetron, een koelkast en wat al niet meer. Zonder deze dingen kan ik niet meer leven. Ik zou niet weten hoe ik anders zou moeten leven. In deze wereld ben ik grootgebracht. Dit is de beste wereld van alle werelden. Zo voelt het. Hier is welvaart en vrede. Ik mag mezelf zijn en ik mag mezelf uiten, ondanks grenzen, regels en wetten.

Zijnstaal

Hoezo oppervlakkige gesprekken, koetjes en kalfjes, het weer, de politiek, hoezo oppervlakkig contact? Tussen de koetjes en kalfjes voel ik de lading die iets zegt over jouw verborgen wezen. Hoezo diepgang? Mis jij de diepgang in het gesprek? Of word je er moe van iedere keer met deze of gene persoon alleen maar diepzinnige gesprekken te voeren? Iedere keer als een *realiteit reiziger* geconfronteerd wordt met een andere realiteit duikt hij erin en deint mee op de golven van realiteit en stemt zich af op de wereld van het werkelijkheid ervarende wezen. Er is geen sprake meer van oppervlakte of diepgang. Het spel van realiteit en wezen speelt een spel met gevoel, woorden en intenties. Leef je in en je zult onbevangen zijn en je zult geen vooroordelen ervaren in de ontmoeting met een ander werkelijkheid ervarend wezen. Stel je open en word verrast en beleef hilariteit en verwondering. Dit is de toestand waarin de *realiteit reiziger* zich bevindt. Een staat van speelse gewaarwording. Van een bewustzijn dat wezens ziet vanuit het breedst mogelijke perspectief en dat hen benadert zonder hen te maken tot gevangenen van zijn definities, werkelijkheidsbeeld, model of leer. De *realiteit reiziger* wil andere realiteiten ontmoeten. Zijn in een staat van verwondering. Niets verwachten van welk werkelijkheid ervarend wezen dan ook. Hem bezien zonder oordeel of oppervlakkige mening. Voorzichtig omgaan met definities en woorden. Los willen komen van de neiging om te labelen of in hokjes te denken. De *realiteit reiziger* laat andere realiteiten in hun waarde. Ieder heeft het recht om zijn eigen werkelijkheid te ervaren. Iedere realiteit heeft haar eigen wetten, normen en geboden. Deze zijn heilig te noemen. Onaantastbaar, het zijn de regels, de afbakeningen waarbinnen de realiteit kan gedijen. De *realiteit reiziger* zal dat intact laten. Wat wezenlijk is en wat echt. Hij zal door af te tasten en af te stemmen meegaan in de prachtige werkelijkheid die met hem communiceert. Onnodig forceren, provocatie, choqueren, spotternij, heiligschennis, belediging en kwetsing: dit alles zal een *realiteit reiziger* uit de weg gaan. Het zijn niet de middelen om door te dringen in een andere werkelijkheid. Het is van belang af te stemmen op een werkelijkheid ervarend wezen, op het niveau waarop hij of zij communiceert. Gevoel voor taal ontwikkelen, het herkennen en aanvoelen van lichaamssignalen, zielssignalen, dierlijke signalen, signalen van (on) begrip. Inzicht krijgen in de levenshouding en feeling krijgen met zijnstaal.

Wees eerlijk en oprecht

naar jezelf toe.

In hoeverre heb jij contact met wat, met wie en hoe?

Ken je begrenzingen.

Ken en voel je mogelijkheden.

Weet met welke invloeden of invloedssferen jij in contact
staat en wilt staan en welke juist niet.

Wees of word je hier bewust van.

Dat waarmee jij in contact staat

bepaalt

in hoeverre jij invloed hebt

binnen jouw unieke universum.

Indien jij genoeg verbindingen

met de werelden in de werelden

kent, kun je op een magische manier

jouw zielswensen leren kennen

en waarmaken

door samen te werken

met de invloedssferen

die jij kent en aanvoelt.

Wat *realiteit* heet,

is een gelaagde werkelijkheid

die vele ingangen/poorten omvat

tot werelden in werelden

en zelfs tot andere realiteiten.

Tot andere (parallelle) universa.

Vraag jezelf af in hoeverre

jij in contact staat met

jouw/de realiteit.

Met wie en met wat heb jij connecties?

Hoe groot is jouw wereld?

Is jouw wereld groot genoeg?

De volgende stap die jij kunt maken,

indien jij de drang voelt om jouw realiteit te verrijken,

is het contact met de realiteit (en)

uit te breiden.
Om te groeien in inzicht
of te weten vanuit je intuïtie en je gevoel.

Je kunt leren om meer chemie

te ervaren tussen jou en anderen

en het andere.

Te existeren

is een boeiend en levendig gegeven

omdat er eindeloze

variatie is en

eindeloze ervaringen opgedaan kunnen worden.

Te existeren is

groeien in de wetenschap dat

de realiteit die jij bent

onpeilbare gelaagdheden bevat.

Jouw zelf te mogen ontdekken is

steeds weer opnieuw

het meest wezenlijke

wat jij kunt doen.

Jij bent

een deur/een poort/een ingang

naar andere dimensies.

Grote poorten/deuren/ingangen naar andere werelden.

Bekend en onbekend,

zijn de existentiële poorten

genaamd:

Geboorte

en

Dood.

Tijd voor een openbaring I

Moeder Aarde, Leerschool voor de ziel

De aarde is de eerste wereld.

De aardse realiteit is het begin voor alle zielen.

De aarde is de plek waar de ziel zichzelf ontdekt, waar hij leert en mag spelen met regels en wetten.

De prille ziel leert te spelen met de regels.

Zich aan de regels te houden of deze te overtreden.

Opstandig te zijn tegen regels of zich eraan te onderwerpen.

Heel zijn mensenleven lang zal hij te maken hebben met de spelregels en de wetten van deze wereld.

Een tweede belangrijk punt is de fantasie en de verbeelding.

Er is veel ruimte voor de ziel om andere werelden te ervaren op deze aarde.

Mooie verhalen vol fantasie en sprookjes en sagen en mythen inspireren de mensenziel en doen hem smachten naar onbeschrijfelijke dingen.

De mensenziel leert te verlangen naar andere bijzondere en mogelijke realiteiten en werelden vol avontuur en fantasie.

De fantasie laat de ziel proeven van de diepe realiteit om te reizen naar andere werelden en planeten en realiteiten.

Mensen zijn vrij in deze aardse wereld om te genieten van mooie verhalen of films of andere dingen die hen prikkelen en hen aanzetten tot verbeelding en dromen.

Mensen zijn echt vrije wezens.

Vrij.

Vrij in hun keuzes.

Vrij in hun fantasie en hun verlangens.

Zij leren met vallen en met opstaan en dat mag hier op aarde.

Je mag zelfs fouten maken en dat gaat heel ver.

Alles mag fout gaan op aarde en toch krijg je hier steeds een nieuwe kans om het anders te doen.

Ook al maak je een ernstige fout dan nog krijg je een nieuwe kans om ervan te leren.

Al maak je een fout waarbij je het met de dood moet bekopen.

Denk maar aan de doodstraf.

Of de vrijwillige doodstraf die mensen zichzelf soms aandoen die wij in sommige gevallen zelfmoord noemen.

Mensen die zich zo schuldig voelen om wat zij aangericht hebben in dit leven, kiezen ervoor, soms uit een sterk schuldgevoel, om hun leven te beëindigen.

Denk hier bijvoorbeeld aan Hitler die velen met zijn vernietigende krachten meesleurde.

Denk aan moordenaars die een uitzonderlijk gevoel van schuld ervaren na het plegen van hun daden.

Ook na de zwaarste fout en misdaad is er de kans om het anders te doen.

Misschien komt hier het zinvolle begrip van reïncarnatie bij kijken.

Ik kan daar niet om heen.

Indien de ziel nog moet leren en ervaren dan zal hij reïncarneren en opnieuw een kans krijgen.

Alles in deze wereld leeft zo lang als het nodig heeft om klaar te zijn voor de volgende werelden en realiteiten en sferen.

De ene ziel kan het in één leven af en een andere ziel heeft er meerdere levens voor nodig om dat te bereiken wat hij mag of 'moet' bereiken.

Vele mensen veroordelen dood en verderf en oorlog en narigheid als het kwaad dat hen wordt aangedaan.

Zonder dit is er echter geen lering en geen ontwikkeling.

De ziel moet alles leren ervaren in deze wereld.

Tot hij klaar is voor het andere leven.

Het pure zielenleven.

De aarde is van levensbelang.

Zonder aarde is er geen leerschool voor de ziel.

Zonder aarde is er geen ziel.

Zonder aarde kan de ziel zich niet voorbereiden op zijn
volgende leven.

De aarde is de bakermat van de ziel.
Hier ontstaat hij en hier groeit hij en soms bloeit hij hier
ook.

Alles is daarbij goed zoals het is.

Het is hier allemaal zoals het hoort te zijn.

De ontwikkelingen hier op aarde gaan hun eigen weg en
bieden steeds weer een ander kader waarin de ziel zichzelf kan
onderzoeken en zijn wensen en verlangens kan dromen en
beleven.

Het moet zo zijn.

Of de ziel opgroeit in een rijk land of arm land maakt niet
uit.

De ziel zal datgene eruit halen wat voor hem van belang is.

Het doel van de ziel op aarde is om regels en wetten te
leren kennen en ermee te kunnen leven en er zelfs mee te
kunnen spelen.

Het doel voor de aardse ziel is om door middel van
fantasie en verbeelding zich erop voor te bereiden om waarlijk
te reizen naar vreemde planeten en werelden waar hij

vreemdsoortige en wonderlijke wezens aantreft en waarmee hij
vervolgens contact maakt.

Hier op aarde wordt op deze manier een begin gemaakt om
de ziel te vormen naar zijn uiteindelijke doel.

De aardse ziel die al vergevorderd is zal de verbeelding en
de fantasie en het spel met de regels serieus nemen en naar de
regels leven die van belang zijn.

Hij zal de verschillende geloven en religies of mensen die
er iets individueels op nahouden serieus nemen en er respect
voor hebben.

Ook zal hij eerbied hebben voor zaken die voor de mens
heilig zijn.
Hij zal geen heiligdom meer ontheiligen.

Puur

Zien wij diepe dalen, dan voelen wij ons zo diep als een dal. Zien wij bergen, dan gaan wij op in hoogten. Zien wij iets kleins, een blad waarop zich een kevertje bevindt, dan voelen wij ons klein en verwonderen wij ons over dat kleine leven dat alles in zich heeft om te bestaan. Zo gaan we op in landschappen en in onze omgeving. We gaan op in onze beleving van wat buiten ons ligt en wat tot ons spreekt. Door veel te zien en te bemerken leren wij de uiterlijke taal der dingen en de uiterlijke verschijningsvormen van alles wat tot ons komt te vertalen naar onze innerlijke belevingswereld. We leren ons uit te drukken in een taal die onze ziel verstaanbaar maakt. Een taal die tot ons komt van buiten, van wat ons vreemd is, datgene wat ons vorm zal geven en zal kunnen communiceren met andere wezens die ook net als wij de uiterlijke wereld op een indringende wijze ervaren en die onze gevoelens en wat in ons leeft een richting geven. We leren dat het beklimmen van bergen gelijk kan staan aan het ervaren van een gevoel. Het gevoel dat zijn uitdrukking vindt in: 'Ik zie er als een berg tegen op'. Hier gaat het niet meer om een letterlijke berg. Hier gaat het om de taal die de ziel leert spreken om zich verstaanbaar te maken voor andere zielen die ook die taal kennen. Deze taal zal de ziel zelfs gebruiken om tot zichzelf te spreken. Woorden die we leren en die een relatie hebben tot wat we zien. Hoe meer de ziel ervaringen zal opdoen en hoe meer toepasselijke woorden hij leert, des te meer zal hij zijn medemensen begrijpen en daarna zichzelf. De vaagheid waaruit hij ontstaat zal zich uiten in begrijpelijke en herkenbare woorden. De vreugde van het herkennen van de woorden en de link tussen de woorden en de wereld zullen hem deelgenoot worden. Zo vloeien woorden en begrippen en de wereld samen. De mens die de woorden met gemak hanteert, verliest zich in de ervaring dat woorden en wereld samenvloeien als een geheel. Waar een woord begint en eindigt en waar de wereld begint en eindigt is niet meer de vraag.

Woord en begripsbeleving en wereldbeleving en gevoelsbeleving of welke beleving dan ook: alles vloeit samen tot een werkelijkheidsbeleving. Begrip en voelen en denken en doen en zien en horen en proeven en willen gaan samen op en worden niet los van elkaar ervaren. De drempel tussen ongenoemd en ongedefinieerd ervaren en beleven wordt overschreden als de mens het woord leert te hanteren en dit zich eigen maakt. Voor dit gebeurt, is de mens een wezen zonder woorden. Eén met het grote gebeuren. Zonder vermogen tot zelfbespiegeling. Pure potentie. Een onbeschreven blad dat zichzelf ooit zal beschrijven en zichzelf zal leren te definiëren en datgene wat er om zich heen voltrekt. Het wezen dat één is met het grote voltrekken van 'al wat is en wordt' is niet te vatten in definities. Onbevlekt is het wezen. Niet getekend door (zelf) definitie. Nog niet door woorden te grijpen of te beïnvloeden. De puurheid van het zijn dat niet te vatten is betovert en ontroert ons. Het zijn dat zonder (zelf) oordeel is en vooroordeel. Pure ervaring. Zonder schaamte. Zonder begrip.

Geheimen

Raadselen.

Onderhuids kriebelt mijn drang tot weten/kennen/ voelen/ ervaren.

Mijn wens is om ware aliens te ontmoeten en contact met hen te hebben.

Hogere bewustzijnsvormen.

Vreemde verschijningen.

Onaards.

Wie zal zeggen of de (G) goden/(G) godinnen verborgen zijn achter bekende en vertrouwde gezichten?

Wie weet of er in het kleinste insect een grote macht schuilt? Onkenbaar voor ons mensen.

Wat is het geheim van de slak?

Wat is het geheim van het vogelbekdier?

Wat is het geheim van de olifant?

Wat is het geheim van de mier?

Wat is het geheim van de mens?

Ik aanschouw de vele levensvormen en ik sta perplex.

Misschien geldt het paradigma dat ik voel en hoe ik over de werkelijkheid denk en soms ook niet.
Er zijn demonen, en er zijn deamonen.

Er zijn elementalen.

Er zijn engelen en deva's en devi's.

Er zijn (G) goden en (G) godinnen.

Krachten die wij niet kunnen omschrijven of duiden.

Dit paradigma stelt dat de ware entiteiten verborgen liggen achter de natuurlijke levensvormen (maskers) die er op Aarde zijn.

Misschien zijn dolfijnen wel engelen die engelennamen en identiteiten hebben.

Misschien bestaat de insectenwereld uit nimfen, feeën, elfen.

Misschien zijn egels gnomen en bosvarkens trollen.

Ook deze hebben verborgen namen en identiteiten.

Ik zat op een terras en zag drie tamme duiven vlak bij elkaar die niets deden en alleen met hun kopjes bewogen. Ik dacht dat zij op de een of andere manier met elkaar spraken of communiceerden, wat mensen niet zien en begrijpen. Ik keek naar de vogels en zij bleven stilstaan en met hun kopjes naar elkaar bewegen.

Dit is mijns inziens een gedragspatroon dat ik weinig zie bij de duiven in de stad. Meestal (en zo denken ook biologen) zijn zij bezig met voedsel zoeken

en als de tijd daar is, dan ziet men de doffer de duivin versieren en tot zover reikt onze biologische kennis over het leven van de duif. Ik vermoed dat
deze duiven veel meer doen dan alleen maar voedsel zoeken en paren en eieren leggen en slapen en weer voedsel zoeken etc.

Biologen noemen het foerageren.

Ik stel vanuit mijn eigen paradigma vast dat er veel en veel meer aan de hand is.

Ooit las ik een boek waarin gesproken werd over *de getuigen*.

Dit waren engelen of gevallen engelen en zij waakten over de mensheid en inspireerden hen op geheimzinnige wijze.

Voor mij zijn de vogels die ik in de stad tegenkom *de getuigen*. Zij slaan ons gade en zij ervaren mijns inziens de opkomst en de ondergang van ons mensenras. Zij overleven ons.

De getuigen hebben een occult te noemen leven. Een verborgen wereld. De wereld van de vogels werd door een zeer goede vriend van mij ooit *de mensheid van de vogels* genoemd.

De vogelgemeenschap is alom aanwezig en heeft een belangrijke functie in deze realiteit.

Welke dat is weet ik niet. Nog niet. Misschien kom ik het ooit te weten.

De tijd zal het leren.

Het bijzondere en wonderschone van de vogels is dat zij zeer tolerant naar elkaar toe (b)lijken te zijn.

In de stad wandelen duiven naast kauwen, mussen en kraaien.

Iedere vogel kent zijn plek en bestemming en ook zijn er tijden waarop de vogels elkaar relatief kwaadgezind zijn.
Dit is wanneer een kraai of een andere vogel eieren rooft van een andere vogel of de jongen oppeuzelt. Dit is relatief, want er volgen geen wraakacties van de slachtoffers onder de vogels. Ik denk zelfs dat de kraai die de jongen opeet van een vogel de dag erop weer vreedzaam rondloopt in het park naast de vogel die eigenlijk het echte slachtoffer is.

Een verklaring zou kunnen zijn dat de vogels een slecht lange-termijngeheugen hebben.

Ik denk het niet.

Ik denk dat vogels onder elkaar weten dat kwaad en goed inherent zijn aan het leven binnen de soorten.

Een vogelmisdaad wordt niet bestraft omdat dit onnatuurlijk is.

Straffen is onder de vogels niet van toepassing.

Er zijn geen vogels die de behoefte hebben om op de televisie te gaan klagen in een human interest-programma van de NCRV of de een andere sociale zender.

Kunnen wij als mensen een voorbeeld nemen aan de tolerante en vrij vreedzame wereld der vogels?

Ik weet het niet.

Op de televisie wordt druk gedaan over allerlei onrecht. De mensenwereld werkt blijkbaar anders dan de vogelwereld.

Ik snap het wel. De mensheid wordt via de beeldbuis afgespiegeld als een wereld van daders en slachtoffers. Dit wordt levensgroot uitgebeeld.

Het ganse patroon van dader en slachtoffer wordt tot in den treure uitgebeeld in de hele media.

Grote werelddrama's als de Tweede Wereldoorlog worden nog tot in eeuwen vanuit bepaalde perspectieven bekeken. Via de televisie komen de normen en de waarden tot ons die ons vertellen hoe wij eigenlijk deze hele geschiedenis moeten bekijken. Het is een drama met goeieriken en helden enerzijds en slechteriken en misdadigers anderzijds. Sommige grote tirannen worden zelfs gezien door veel mensen als een soortement satan. Zo leren wij mensen via de media wie wij moeten haten en verafschuwen en wie wij moeten respecteren en eren.

Wij mensen worden op deze wijze geprogrammeerd. Wij voelen sentimenten die wij zonder de media misschien wel helemaal niet zouden voelen.

De media is bijna alom aanwezig.

Mensen die niet meegaan in hun invloeden, zijn waarschijnlijk de mensen zonder algemene schaamte en schuldgevoel.

Dat willen zelfs de intellectuelen via de media ons doen geloven.

Een hedendaagse intellectueel, schrijver of hoogleraar zegt niets wat tegen de normen en de waarden van ons mensen indruist.

De intellectueel is vooral ethisch verantwoord en heeft een gezond, sociaal en algemeen geldend geweten.

Dit doet mij, vrijvoeler en vrijdenker, beven en me zelfs minderwaardig voelen als ik zulke goedhartige en rechtvaardige mensen op de beeldbuis zie en verneem dat zij de status quo eren en het aangepaste (voorgeprogrammeerde) gevoel of sentiment.

Op de televisie is alles en iedereen aangepast. Oké, er zijn bepaalde Nederlandse omroepen
(VPRO, BNN) die ondeugende dingen doen en hebben gedaan en zelfs taboes hebben doorbroken, maar dit zijn uitzonderingen op de regel.

Hoe kan het ook anders: er moeten taboes zijn en ongeschreven beschavingsregels die voor allen gelden.
Wat er onderhuids speelt, zien en merken wij niet indien wij iedere dag met ons goede gedrag naar de *treurbuis* kijken.

Wij leren wanneer wij *ach* moeten zeggen en wanneer wij ons kwaad moeten maken. Wij leren wanneer wij stil moeten zijn en wanneer wij iemand met een goede reden aan de schandpaal kunnen nagelen.
Wij doen zelf soms stiekem in ons eigen leven ondeugende dingen, maar wij weten precies welke mensen echt slecht zijn en welke wij zelfs vanuit ons rechtvaardigheidsgevoel uit eigen beweging zouden willen vermoorden.

Via de beeldbuis krijgen we elke dag te maken met het kwaad in velerlei vorm. Iedere dag koesteren wij gevoelens van haat en woede en onmacht en verdriet. De televisie, ons allerheiligste medium, geeft ons wat wij willen zien. Onrecht, en onrecht dat bestraft wordt.

Sommige rechtvaardige mensen onder ons zouden het liefst zien dat sommigen de doodstraf krijgen.

Deze rechtvaardige burgers kennen haat en wrok en zijn foute medeburgers kwaadgezind.

Kwaad wordt het liefst door de humane burger met kwaad vergolden.

Eigen ondeugd wordt weggemoffeld en verborgen en ook foute gevoelens en gedachten worden vaak verdrongen en verstopt. Een ieder heeft op deze wijze lijken in de kast.

Zelfs onze rechtvaardige burgers kennen het kwaad in de uithoeken van hun ziel en zij zouden dolgraag andere mensen willen straffen en hun agressie op hen willen botvieren.

Dit noemen wij dan zinvol geweld, want als het om een foute burger gaat mag hij van ons lijden.
Dit noemen wij rechtvaardigheid.
Wel nu, ik ril en huiver als ik aan deze burger denk die trouw is aan de invloeden van de tv.

Dat wij in een rechtstaat leven is een wonder met al die rechtvaardige agressievelingen onder ons die weten hoe en wie zij moeten straffen als zij de kans krijgen.

De mensen zijn dolgelukkig als zij foute burgers zien lijden.

Voor sommige mensen is de doodstraf nog te weinig als ik de algemene stemmen mag geloven.
Neem bijvoorbeeld de pedofiele moordenaar als Marcel Dutroux.

Met mijn vrijdenkerij ga ik ver.

Ik ben vrij om hierover te denken wat ik wil en dit doe ik hier op deze plek.

Vergelijk Marcel Dutroux met de vogelmoordenaars onder de vogels.

Wat zijn vogels toch zachtmoedig naar elkaar toe terwijl zij soms erge dingen meemaken.

Hoe komt het dat de vogelouders van hun vermoorde kinderen, ondanks het verlies en het trauma die deze dood met zich mee brengt (want vogels hebben een zeer goed geheugen, ik heb dat opgemerkt!) geen wraak nemen op de moordenaars (kraai, ekster of een andere nestenrover) en zelfs zonder agressie naast hen blijven leven?

Vogels weten dat zij, als zij een legsel hebben of jongen, op hun hoede moeten zijn, want in de broedtijd en in de tijd dat de eieren uitkomen is het risico groot dat een rover hun nest zal bezoeken.

Ik heb vogels gezien die de rover proberen weg te jagen en te intimideren om hun nest te beschermen. Dit mocht niet baten. *De mensheid der vogels* weet wanneer er kans is op bepaald gedrag met bepaalde gevolgen.

Door dit natuurlijke bewustzijn houdt zij rekening met de mogelijkheid dat er kapers op de kust zijn. Boosdoeners.

Ik denk dat de vogels die hun kinderen of eieren verliezen zeer zeker zullen rouwen.

En toch heb ik het idee dat deze vogels gewoon naast elkaar kunnen en/of willen bestaan. Er is geen oordeel en geen vervolging van de daders en de slachtoffers ervaren hun verlies en verdriet.

Kwaadheid lijkt hen vreemd.

Kent een vogel kwaadheid?

Wat doet een televisie met de mensen?

Welke realiteit spiegelt zij hen voor?

De zuivere realiteit?

Een gekleurde realiteit?

De mensen leiden een verborgen bestaan. Wat echt is en waar blijft gehuld in vaagheid en in mythe.

Zo lijkt het.

Alles heeft echter een reden.

Niets is zomaar.

Alles heeft een verborgen gezicht en gedaante.
Vanuit het schijnbare spreekt tot ons het ware gezicht.

Wie was Marc Dutroux?

Een kinderverkrachter en moordenaar?

Welke ongekende levensfunctie heeft zo'n monster?

Waarom bestaat er zo iemand?

Iemand die wij verafschuwen. Iemand die niet mag bestaan en toch bestaat.

Waarom gebeurt dit?

Denk jij het ware gezicht van de perversie te kunnen vinden in de media en op de televisie?

Denk jij dat de waarheid op straat ligt?
Ik denk het niet.

De waarheid is dat er niet zomaar een Marc Dutroux ontstaat.

Ik denk dat hij een functie had of heeft in een ongekende zin.

Wat leert hij ons en wat leren wij van een pervers mens als hij is?

Willen wij wel leren van onszelf en willen wij ons wezen leren kennen door de levensles ter harte te nemen van dit monsterlijk wezen dat eigenlijk een uit de kluiten gewassen kraai is of ekster die graag een jong vogeltje lust?

Wat is het verschil tussen een mensenmisdaad en een vogelmisdaad?

Vraag jezelf dit eens af.

Doe dit omdat je vrij wilt zijn om te kunnen denken en te voelen over zaken waar men niet eens over wil nadenken en praten.

Iedere gezonde en rechtvaardige burger wil Marc Dutroux dood hebben of minstens laten lijden.

Waarom willen de mensen oog om oog en tand om tand in bepaalde situaties en voor hen niet te bevatten misdaden?

Waarom komen wij niet tot de kern van de zaak en leren wij onszelf niet kennen? Misschien moeten wij wel nadenken en navoelen wat het wezen van de mens is en wat en waarom iemand bestaat en wat er de zin van is. De verborgen zin die er zeker moet zijn en die niet gezocht wordt door de mensen die alleen de foute medemens de dood toewensen.

Uit de mensen spreken soms de wraakgevoelens van de massa die via de televisie en de media uitvergroot worden of gevoed.

Wij willen niet begrijpen.

Wij willen niet kennen en hierdoor blijven wij onschuldig en onwetend aangaande het kwaad in ons en buiten ons.

Wij willen de waarheid niet kennen.

Oordelen en veroordelen en niet verder dan de schandpaal kijken en onze scherpte verliezen in de verschrikkingen die de foute mensen de slachtoffers aandoen.

Een persoon als Nelson Mandela is een zeldzaam fenomeen te noemen.

Een man die nog steeds een held wordt genoemd.

Een vogelachtige man noem ik hem.

Hij was misschien wel een gereïncarneerde vogel in mensgedaante.

Deze man vergaf en vergat zijn boosdoeners.

Hij kende geen wrok.

Deze man werd een onvergetelijke held.

Zijn daden waren van een vogelachtigheid die geen televisiekijkende brave burger hem zal kunnen en/of willen nadoen.

De brave en rechtvaardige burger kende het ware gezicht van Nelson Mandela niet.

Het verborgen gezicht achter Nelson Mandela was dat van de ware natuur.

Nelson Mandela was vanuit dit oogpunt bezien een puur wezen.

Een natuurwezen.

Een zeldzaam fenomeen achter de verpeste televisiekijkende mensheid.

De media verpest de mens en legt een schaduw over zijn ziel.

Alles wat een ander doet, ziet deze mens en de ogen zijn vooral gericht op andermans leven, geluk en ongeluk.

Het wezen van de mens wordt verduisterd.

De illusie van de media verduistert Marc Dutroux evenals Nelson Mandela.

Omdat ik de vogelwereld leer kennen vanuit mijn eigen ogen en hart weet ik dat ik Nelson Mandela kan kennen.

Net zoals ik Marc Dutroux kan kennen.
Hun geheime levens en waarheid kan ik kennen.

Dit komt mede doordat ik mijn aandacht voor de media en zijn verduisteringen evenals illusoire beelden en realiteiten achter me heb gelaten.

Ik ben het proces ingegaan van innerlijke groei. Ik ervoer het wezenlijke van de intense de-programmering van mijn mind, mijn hart en mijn ziel.
Laat het mediageweld achter je en begin de wereld te aanschouwen vanuit nieuwe ogen en vanuit de verborgen waarheid die voor jou zichtbaar zal worden.

Zuiver jezelf van de duisternis en haar invloeden.

Zie de mens zoals hij is en zie jezelf zoals jij bent.

Met al jouw kwaad en goed.

Leer de wereld kennen zoals je haar nog nooit hebt gekend.

Leer de vogelachtige mensen kennen en de mensachtige vogelen.

Er is meer tussen hemel en aarde dan de media met haar aanhangers en bondgenoten kan en wil tonen.

Kom tot jouw innerlijke bron en leer te kijken met schone zintuigen die gezuiverd zijn van valse schijn en van de programmering van de media.

Leer te denken zoals je nog nooit gedacht hebt.

Leer te voelen zoals je nooit gevoeld hebt.

Leer te leven zoals je nooit geleefd hebt.

De waarheid is dat je niet hoeft te haten als men zegt dat je moet haten.
Leer te vogelen.

Leer het leven te dragen als een dappere vogel die de dag na de misdaad vredig naast zijn 'vijand' rondstapt.

Leer dat het anders kan.
Maak je los en ervaar vrijheid.

Leer het kwaad te bezien vanuit de ogen van de natuur.

Leer de natuur kennen.

De menselijke natuur.

Leer je knagende wrok achter je te laten. Leer los te laten en de innerlijke vrijheid tegemoet te treden die een Nelson Mandela ging.

Een groot man die van de vogels heeft geleerd en de menselijke natuur leerde kennen tijdens zijn gevangenschap.

De boosdoeners hadden respect voor deze pure man.

Dit pure wezen.

Vraag jezelf dit af.

Kun jij respect hebben voor de boosdoener?

Voor de kwaadwillende mens?

Kun jij komen tot de puurheid?

Of ben jij al daar waar goed en kwaad naast elkaar bestaan.

Waar sta jij?

Ben jij een natuurwezen in wording of leef jij vanuit de programmering vanuit de media die jou niet alleen hersenspoelt, maar ook je gevoel en je wezen probeert te beïnvloeden, sterker nog, te vervuilen.

Begrijp je wat er op het spel staat?

Kijk naar de vogels, bestudeer en voel hun levenskunstigheden en zie dat er een uitweg is uit de benauwenis van de opgedrongen publieke opinie!

Aan jou is het om hieruit de uiteindelijke conclusie te trekken.

Aan jou is het....

Aan jou...

Vergeten is ontleren

Vergeten = ontleren = je hoofd vergeten = vergeten te denken = sleutel tot het voelen = innerlijk weten = tot diepgang komen = balanceren tussen hoofd en hart = diepzee duiken

Ontleren zul je. Vergeten. Loslaten die ballast. Heb jij redenen om te malen? Heb je geleerd om vooral je hoofd te gebruiken (misbruiken)?

Laat dan los en gooi in een keer het kindje met het badwater weg.

Geen man overboord !

Geen haan die ernaar kraait !

Geen kopzorgen meer.

Geen zinloze hoofdpijn.

Tijd voor een openbaring II

Onthullingen over een droomplaneet in de ruimte

Het begint allemaal hier op deze aarde.

In deze aardse realiteit wordt alles geschapen.

Het begint hier.

Het eindigt hier echter niet.

Hier in deze realiteit ontstaat de ziel.

De aardse wereld is van levensbelang voor de toekomstige
werelden en realiteiten.

Eerst is er de materie en dan pas de ziel.

Alles wijst erop dat de materie het begin is van de
ontdekking van de ziel, zijn leven en zijn ontwikkeling en
groei.

De aarde is de eerste wereld.

De moeder.

Moeder Aarde.

Haar kinderen leren de vele facetten kennen van het leven
op aarde.

Door deze ervaringen ontwikkelt zich een wezenlijk
verlangen.

Wezenlijk.

Dit verlangen is echter niet betrekkelijk.

Nee, dit verlangen vormt de basis voor de entree naar andere werelden.
Er zijn vele werelden.
De aardse mens heeft haar woning echter alleen maar op aarde.

Door lijden en moeite en andere zaken ontwikkelt zij een diep verlangen.

Deze aarde is het begin van de ziel.

De aarde is de moederschoot voor de ziel.

De liefde van de moeder voor haar kinderen is groot maar de aarde lijkt niet altijd liefdevol.

Honger en ziekte en lijden en andere zaken komen voor in het leven van de aardse ziel.

Dit alles lijkt liefdeloos en hard maar ook dit moet de ziel ervaren om zijn zielenleven te doen ontwaken.

Want crisissen en lijden en verdriet zuiveren en doen de ziel groeien.

Iedere ziel krijgt dat wat hij nodig heeft.

De ziel krijgt niet meer of minder dan wat hij behoeft.

Er is eerlijkheid in elk lijden.

Vanuit deze aardse wereld ontstaat het inzicht en het diepe weten omtrent de ziel en zijn realiteit.

Men heeft contact met engelen.

Met elfen en gnomen en andere natuurwezens.

Met demonen.

Met UFO´s.

Deze contacten zijn wezenlijk voor de mens.

Er zijn namelijk vele werelden die wij niet zien in onze
aardse realiteit.

Vele werelden op planeten die in onze aardse ogen geen
enkel leven bevatten.

Schijn bedriegt.

Vanuit aards en wetenschappelijk perspectief zijn wij
geïsoleerd van andere planeten waar mogelijk leven is.

Volgens wetenschappers zijn wij lichtjaren verwijderd van
planeten waar enig leven zou kunnen zijn.

Het is met onze hedendaagse techniek niet mogelijk om
zo´n planeet te bereiken.

Ik denk dat dat nooit mogelijk zal zijn.

De techniek zal zich blijven ontwikkelen maar nooit zullen
wij andere planeten kunnen bereiken vanuit aardse sferen.

Nooit.

Waarom niet?

Omdat de aarde het middelpunt is en het zwaartepunt voor
ons mensenkinderen.

De aarde is voor ons een wezenlijk middelpunt.

De aarde heeft zwaartekracht en niet zomaar.
Wij zijn aardekinderen.

Onderschat de aarde niet.

De aarde is het middelpunt voor ons aardlingen.

Wij zijn er voor de aarde en de aarde is er voor ons.

Wat er ook zal gebeuren.

Wij turen door onze telescopen de oneindige ruimte in en
wij leren de planeten kennen en wij geven ze namen.

Dat is leuk en het geeft ons een levenszin.

Het is menselijk om dat te doen.

Wat wij niet weten is dat dit turen naar verre planeten waar
mogelijk ongekende wezensvormen existeren, een begin is naar
echte reizen door de ruimte.

Het verlangen dat zich ontwikkelt hier op aarde om naar
werelden te reizen wordt realiteit.

Het is mogelijk om naar andere werelden te reizen.

Ja, echt!

Maar niet in een raket of een vliegende schotel.

Nee.

De raket is een symbool en een uitwerking van een diepe menselijke droom en een diep verlangen.

De mens wil opstijgen en de ruimte verkennen en reizen maken voorbij het bekende.

De mens verlangt ten diepste en droomt ten diepste van iets wat hij wil en voelt.

Een reëel verlangen.

Onze aarde is een katalysator.

De aarde baart wezens die dromen, hopen, verlangen en wensen.

De aarde is het begin van vele werelden en realiteiten.

De aarde is van levensbelang voor alles wat is, wat was en wat nog komt.

De aarde is het levensbeginsel van alles wat droomt, hoopt en verlangt.

Het gaat hier niet om fantasietjes of wensdroompjes die niet stroken met wat realiteit is of wordt.

Het gaat hier om de diepste wensen die op deze aarde zijn.

De diepste verlangens doen wensen groeien.

De mensen zijn de bron van dat wat gedroomd wordt en waarnaar verlangd wordt.

Zij zijn de makers van dat wat voor aardse ogen onzichtbaar is.
Wij, mensen, vangen soms een glimp op van andere werelden en realiteiten.

Dan gaan onze ogen voor heel eventjes open voor wat er nog meer is dan dit.

Ik wil de mensen die geloven in de ruimtevaart en haar toekomst niet ongelovig maken.

Maar....

Ruimtereizen in deze wereld is iets om over te dromen en naar te verlangen.

Het is een diep verlangen voor velen om andere werelden te ontdekken en te verkennen.

Dat diepe verlangen ontstaat hier....

Op deze aarde.

Deze wereld.

De mens droomt en verlangt om te vliegen als een vogel.

En wat komt daaruit voort?

Vliegtuigen en helikopters en andere vliegmachines en dingen.

Is dit de ultieme droom van de mens?

Vliegen in een vliegtuig?

Het is zeker fantastisch om te vliegen in zo´n ding en het is wonderbaarlijk hoe zo´n bakbeest van een vliegtuig met het grootste gemak de lucht in gaat.

Wetenschappers ontrafelen schijnbaar elk mysterie dat er is.
De medische wetenschap zorgt ervoor dat mensen steeds langer gezond blijven leven.

Is dit de ultieme uitwerking van de diepe wens om onsterfelijk te zijn of te worden?

Wat is de droom van ons mensen om de vooruitgang van de medische wetenschap te dienen?

Waarom willen wij langer leven?

Waarom lijden wij pijn en sterven wij eens?

Waarom bestaat er lijden dat niet verlicht kan worden door de medische technieken?

Wat is lijden?

Wat is dood?

Wij leven in deze wereld.

Onze mensenwereld ontwikkelt zich en verandert steeds weer.

De menselijke geschiedenis is lang en oud en bevat vele voor ons onbekende culturen en volkeren.

In iedere cultuur wordt er verlangd en gedroomd.

In ieder mensenleven wordt er verlangd en gedroomd.

De aarde is de voedingsbodem voor het ontstaan van werelden en realiteiten.

De aarde bevat het grote geheim voor het leven hierna. Het leven op aarde is uniek in zijn wezen.

Uniek.

Nergens anders in ons heelal bestaat er een planeet als de onze.

Dat durf ik te stellen.

De mensen zijn schijnbaar geheel onderworpen aan de materie.

Maar er is meer dan dat.

De droom van het reizen door de lucht als een vogel en het ontdekken van andere werelden en ruimtereizen ontstaat in de mens.

De mens is het enige wezen dat ontevreden is over de bekrompenheid van deze aardse realiteit.

De mens verlangt altijd naar iets meer of iets anders.

Vanuit de realiteit ontstaan de verlangens en de dromen.

Te vliegen als een vogel.

Eeuwig leven te hebben.

Naar de hemel te gaan.

De eeuwige jachtvelden.
Contact hebben met onaardse wezens.

Hier verlangt de mens naar.

Hier is hij zich echter niet van bewust.
Vanuit zijn diepe gronden ontstaat er iets.

In een droom krijgt de mens een openbaring.

Dat wat men een psychotische ervaring zou kunnen
noemen, is wezenlijk voor degene die haar ondergaat.

De mens creëert vanuit een ongekende bron een wezen.

Dat wezen is zijn zielenwezen.

Individueel vormt zich in de mens een zielenwezen dat

net zo reëel is als de mens.

Het zielenwezen is ten diepste dat waar de mens naar
verlangt.

Over het zielenwezen zal ik enkel voorzichtig speculeren,
evenals over de bron en oorzaak van zijn bestaan.

Voorzichtig, want ik begeef me nu op glad ijs.

De mens wil uiteindelijk dat worden wat ten diepste in hem besloten ligt.

Dit is een bepaalde vorm van creatie.

In de diepste krochten van de mens ontstaat de ziel en het zielenwezen. Wij mogen hier niet komen en wij mogen dit gebied niet kennen.

Ook ik heb geen toegang tot dit gebied.

Het is verboden.

Niet toegankelijk voor aardse wetenschappen en wat voor technieken dan ook.

Wat hier gebeurt is ultiem en heilig en onaantastbaar.

De vorming van de ziel is een gebeuren dat ik eigenlijk niet kan beschrijven.

Maar ergens in de mens is de plek waar zijn dromen en verlangens tastbaar worden.

Ergens.

De aardling is een wonderbaarlijk wezen.

De enige zin van het leven lijkt de dood te zijn en hier zit waarheid in.

De dood maakt de dromen van de mens tastbaar.

De dood is de overgang naar dat wat de mens heeft gevormd diep in zijn binnenste.

De dood is vaak een aanleiding tot droefenis en rouw,
maar het is eigenlijk iets om ons over te verwonderen en het
zou ons diepe hoop moeten geven en dankbaarheid en geloof in
de toekomst.

De dood is een nieuw begin.

Dat durf ik wel te beweren.

Wat mensen ten diepste creëren is fantasierijk en prachtig.

Wij zijn wezens in ontwikkeling en de kroon op ons
bestaan is de ontwikkeling van onze ziel, zijn vorm en
innerlijk.
De mens is mens maar het is ten diepste dat wat hij creëert.

Een mens kan op die manier een elfje zijn of een engel of
een ander wezen dat onnoembaar is.

Er is een elfenwereld.

Er is een engelenwereld.

Er zijn andere werelden.

Vele en misschien wel ontelbare werelden.

Onze dromen worden bewaarheid als wij overgaan in ons
nieuwe lichaam dat geboren wordt uit ons aardse lichaam.

Het droomlichaam, dat waarschijnlijk in elk mens
aanwezig is, groeit en ontwikkelt zich tijdens ons leven. En als
de dood intreedt, wordt het zielenwezen of het droomwezen
bevrijd van zijn aardse gestalte.

Toch zal het zielenlichaam ten zeerste een blijvende en sterke band houden met de aarde en wat daar gebeurd.

De aarde is de moeder van alle fantasiewezens.

De moeder van alle werelden.
De mens is de dromer van alles wat er aan werelden bestaat en ontstaat.

De mens.

Dat mooie wezen.

Vanuit liefde en haat, pijn en verdriet, moeite en strijd, vrede en oorlog, hitte en kou, verkilling en passie.
Vanuit dat wat de mens is en dat wat hij wordt in dit leven, ontstaat dat wat erna komt.

Geloof in je dromen.

Geloof in de toekomst.

Geloof in de diepe zin van het aardse leven.

Alle engelen in de hemel kijken en hebben contact met onze wereld omdat zij hier ooit vandaan kwamen.

Alles wat onzichtbaar is en door vele mensen nooit is aanschouwd….

kijkt naar ons

en heeft vertrouwen in ons.

Alle geestelijke en hogere werelden hebben de aarde in hoog aanzien.

De aarde is de plek waar de geesten en de krachten en de ongenoemde wezens vandaan kwamen en nog steeds komen.

Op onze planeet wordt datgene voorbereid wat in de toekomst in andere werelden realiteit wordt.

De aarde geeft leven.

Deze wetenschap is wonderbaarlijk te noemen.

Ons leven is echt magisch te noemen.

Magisch.

Wonderbaarlijk.
Er is meer….

Veel meer

dan onze ogen kunnen zien en dat gaat ons bevattingsvermogen te boven.

Dit is dan ook de kern van ons leven.

De zin van ons leven ligt hier op aarde.

Ons verhaal speelt zich hier af.

Dit alles met een dieper doel en een diepere lading.

Op deze droomplaneet leven wezens die dromen, en deze dromen nemen werkelijk gestalte aan en worden bewaarheid.

Dit is de onthutsende waarheid.

Dit is het.

Wat wij zijn, wordt gecreëerd en wat wij worden creëren
wij zelf op een onbewust vlak.

Misschien gaat het nog verder en creëren wij op een
collectief vlak ook iets.

Hier zal ik verder niet op ingaan.

Ik beperk me tot het individuele.

Zelfverwerkelijking

Gerichtheid op wat buiten jou is.

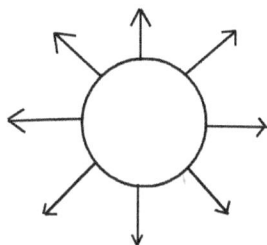

Pad van zelfverlies
(Opgaan in de wereld van de indrukken.)
Opgaan in het vreemde.
Het algemene.
Het andere.
Dat wat niet van jou is.
Je voortdurend conformeren aan de ander en
doen wat de ander wil dat je doet.

Gericht op wat in jou is.

Pad van zelfverwerkelijking.
Intreding in de wereld van het zelf.
Een wereld van ongekende krachten
en mogelijkheden.

Thuiskomen.

De groei van het contact
met jezelf
werkt twee kanten uit.
Hoe meer 'binnen',
hoe meer 'buiten'.

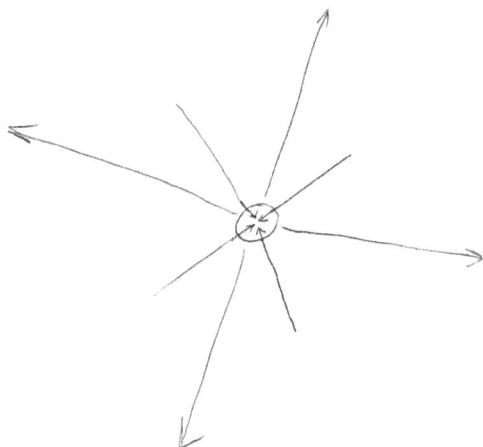

Binnen = een groeiende concentratiekracht.

Buiten = een groeiend lichaam dat zich
uitstrekt tot het alles omvat.

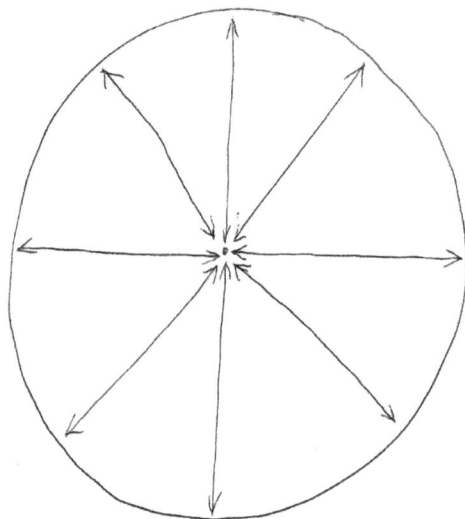

Hoe meer geconcentreerd de ziel wordt,
hoe meer het uitstraald naar de buiten
gebieden.

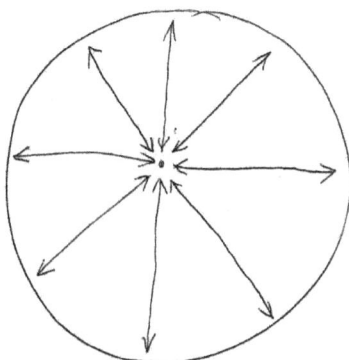

Het bereik van jouw innerlijke
groeit gelijk op met
het bereik in de buitenwereld.

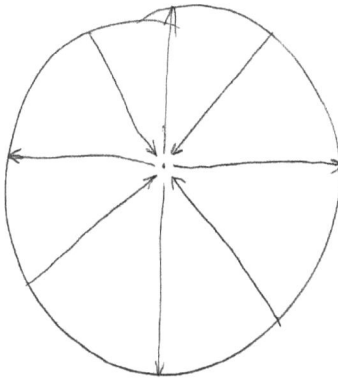

De bewegingen gaan naar binnen en tegelijkertijd
naar buiten. Het is tweerichtingsverkeer.
Het is wederzijds. Een wisselwerking tussen
buiten en binnen.

Er zijn wezens die blijven steken
bij de verlichting.
Tenminste, dat lijkt zo.
Verlichting was en is voor mij
het begin van ongekende
ontwikkelingen en groeistuipen
die mij leiden van mens
naar verlicht wezen,
naar zelfbewust wezen,
naar (G) godendom.

Is iederen een (G) god/ (G) godin?

Misschien in de dop.

Niet ieder menselijk wezen
ontwikkelt zijn of haar
(G) goddelijkheid.

Veel mensen zijn gewoon tevreden
met wie zij zijn.

Zij verlangen niet hun (G) goddelijke
wezen te ontdekken en te ontwikkelen.

Veel mensen blijven op een bepaald
peil hangen.

Een beetje praten over het weer,
de politiek, oorlogen, hongersnoden,
werk, een euro in de collectebus,
op vakantie naar Frankrijk,
ontevreden zijn over hun salaris en
de economie, eten, drinken, slapen, etc.

Of bedriegt de schone schijn mij?

En bestaan deze "gewone", "alledaagse"
mensen niet?

Ogenschijnlijk ziet het er wel uit dat
er mensen zijn die "gewoon" zijn en
niets van hun (G) goddelijkheid afweten
en "gewoon" streven naar een overzichtelijk
menselijk bestaan.

Mensen die "gewoon" worden geboren, opgroeien,
oud worden, eventueel kinderen krijgen en heb
weer opvoeden, en uiteindelijk sterven.

Hun niet ontwikkelde ziel wordt weer opgenomen
in de maalstroom van het Zijn en het Worden.

Hoe meer zelfverwerkelijking,
hoe meer verantwoordelijkheid
voor jezelf
en tegelijkertijd je omgeving.
Je nabije omgeving.

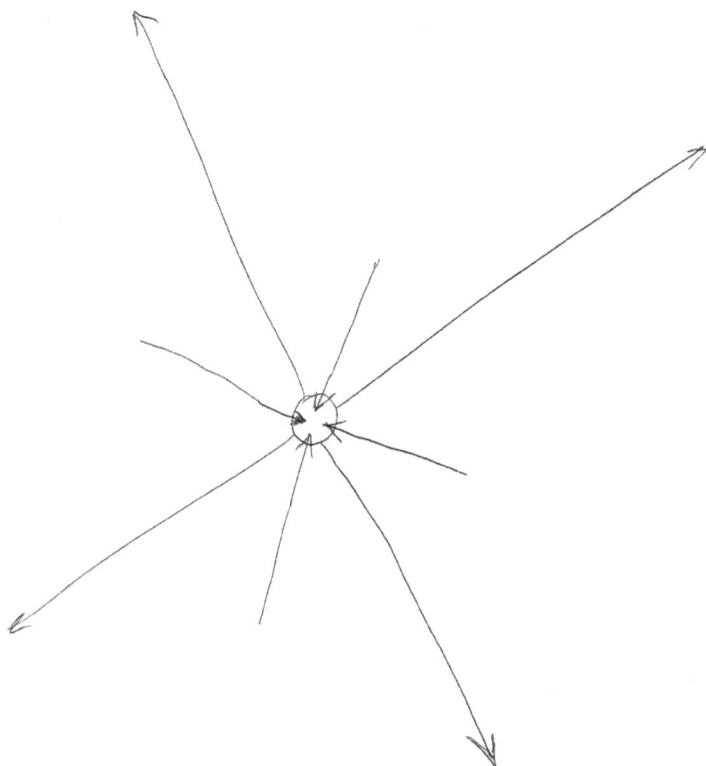

Hoe meer je je richt op je "kern", hoe meer je
contact krijgt en ervaart met wat buiten jou ligt.
Ontdek de oneindigheid van jezelf. Ontdek de
oneindigheid buiten jezelf. Kom tot je innerlijke bewustzijn.
Je zult verbinding hebben met het collectief bewustzijn.

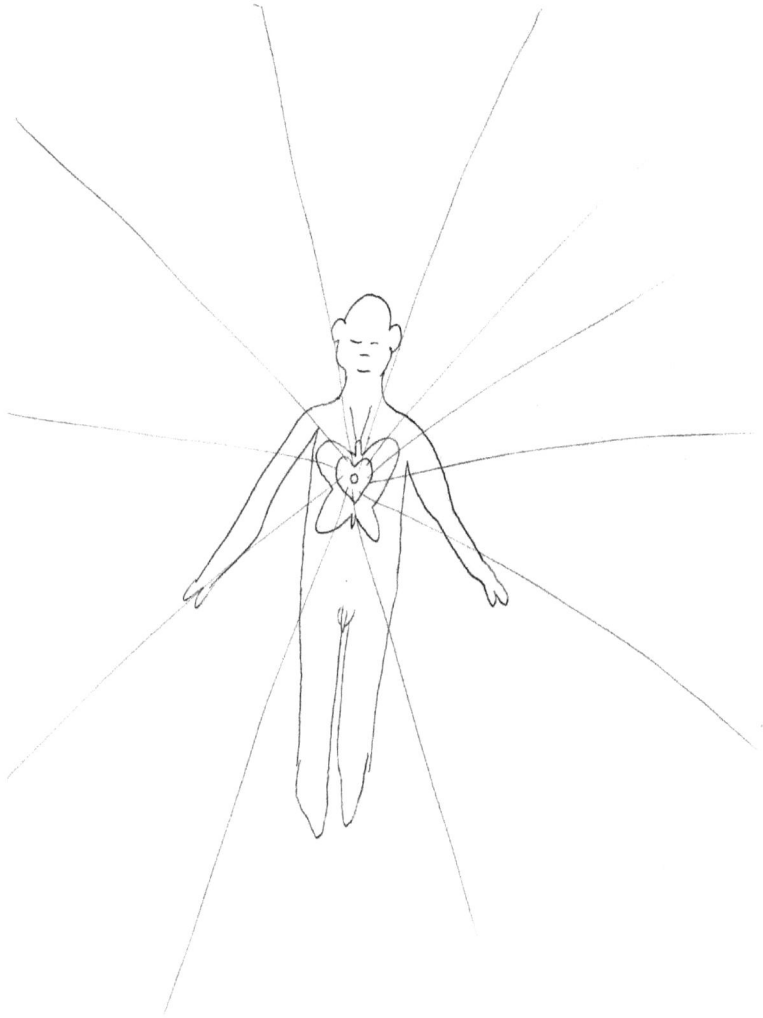

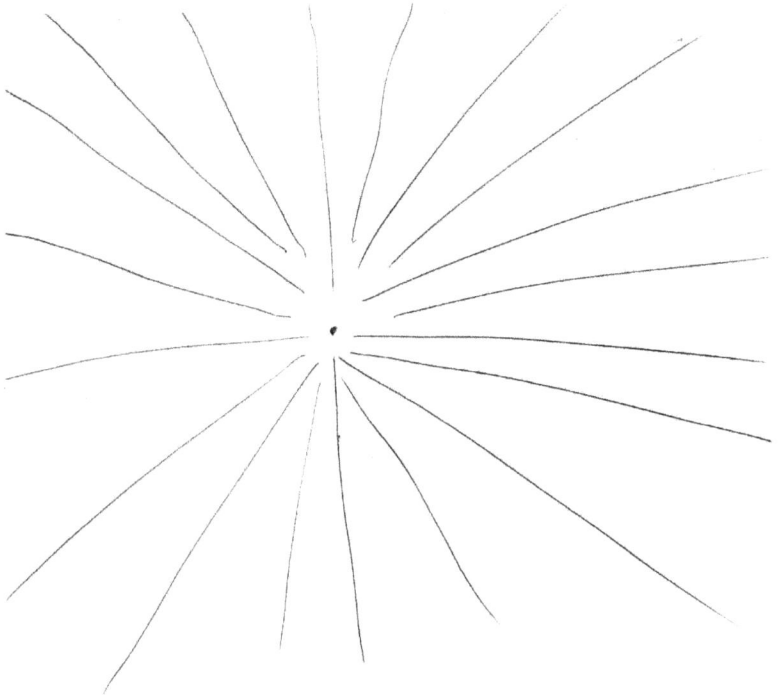

Op deze manier kan één verwerkelijkt hart/ziel
het ganse collectieve bewustzijn beïnvloeden.

Waarschuwing!

Wanneer je een *realiteit reiziger* wordt,

neem je een groot risico.

Je kunt slagen of je kunt falen.

Als je faalt, eindig je in het gesticht.

Als je slaagt, kun je oneindig veel werkelijkheden ervaren.

Maar soms

moet je falen

om te kunnen slagen.

Spiegelbeeld

Ik ben niets. Niets. Ik voel me niets en dat voelt alsof ik niet meer gedefinieerd ben. Ik ben daar waar ik achter mijn vele identiteiten ben. Achter mijn identiteit zoals iedereen mij wil kennen. Wat iedereen in mij wil zien. Ik voel dat ik los ben gekomen van hoe ik mezelf zie. Los van de neiging tot het definiëren van mijzelf. Nu ben ik een schoon, blanco en ongedefinieerd wezen. Een spiegel mag je me wel noemen. Een spiegel heeft geen gedefinieerd wezen en iedereen ziet in de spiegel wat hij of zij wil zien.

Zo gaat dat de laatste tijd ook op voor mij. Mijn wezen is vrij van zelfdefiniëring en zelfinvulling en zelf-bevuiling als ik het zo zou kunnen noemen. Het vuil en de dikke stofwolken zijn van de spiegel gewassen en wat houd je dan over? Een goddelijke wind woei door mijn zijn en wezen en alles wat niet thuishoorde in mij werd weggeblazen. Het kaf werd van het koren gescheiden. Ik mocht zien wat ik ben en dat is dat ik mezelf niet meer zie. Ik kijk niet meer in een spiegel. Ik ben er zelf eentje geworden. Ik reflecteer en ik ben dat wat jij in mij wilt zien. Ik voel mezelf niet meer. Ik voel af en toe een projectie van andere mensen op mij. Een lichte fluistering of streling. Zo voelt dat aan. Ik voel wat andere mensen verlangen. Projecteren is iets in jezelf of in een ander willen zien. Door te projecteren leer je een ander wezen niet kennen. Je blijft iets van jezelf in een ander leggen en dat betekent dat je meer in contact staat met jezelf dan met de ander. Jouw spiegel is nog steeds vies en bedekt onder een stoflaag van tien centimeter. Indien jouw spiegel schoon zou zijn en hij zijn kracht aan jou zou tonen, dan werden jouw fake gedachten en identiteiten als sneeuw voor de zon opgelost. Een spiegel die doet wat hij moet doen weerspiegelt wie jij bent. Jouw innerlijke spiegel die smetteloos is, weerspiegelt dat wat jij werkelijk bent. Een vieze spiegel laat jou geloven in dat wat jij nog bent maar wat jij niet hoeft te zijn. Noem het illusies, waangedachten. De viezigheid behoort niet tot jouw wezen. Maak je spiegel schoon en je ziet iets volledig anders dan je zag toen je leefde met stof en viezigheid. Definitieloosheid. Een spiegel die geen illusies meer doorlaat. Geen ruis.

Geen verstoring. Geen stoornissen. De spiegelstaat laat je bewust zijn van alles wat uit jou komt en van jou is en wat van een ander.

De scheiding tussen wat van een ander is en wat van mij wordt steeds duidelijker. Ik bemerk invloeden vanuit mezelf en ook de invloeden van anderen. Ik voel de projecties van een ander en ik doe wat een echte spiegel hoort te doen. Ik reflecteer de ander en wat hij of zij uitzendt. Dit is confronterend voor dat andere wezen dat projecteert. Confronterend, want alles wat de ander wenst en droomt en ziet, wordt gereflecteerd op mijn spiegelachtige oppervlak. Projecties van wat de ander echt verlangt en droomt. Projecties die linea recta weerkaatst worden en de ziel raken van degene die mij probeert te betrekken in wat geprojecteerd wordt. Dit is dan ook waar mensen diep naar verlangen. Dat hun projecties bij hen zelf terugkomen in plaats van dat zij een eigen leven gaan leiden in een ander. Dat hun projecties verstrengeld raken met die van een ander. Bij mij hoeft dit niet meer. De projecties van de ander weerkaatsen op mijn gepolijste oppervlak en komen terug bij de bron van hun ontstaan. Dit is dan ook een geschenk van mij aan de ander. Dat wat de ander de wereld inzendt, geef ik terug. Perfecte feedback dus. De vieze spiegel en dat wat onder het stof zit, projecteert onbewust. Hoe kan het ook anders. Welk zuiver zelfbeeld verwacht je van spiegels die onder het gruis zitten.

Dieren en het dierlijke en de dierlijke werkelijkheid

De vrije vlucht van de vogels. De onafhankelijke vlucht van de meeuwen. Het zwermen van de kauwtjes rond de kerktoren en de prachtige, sierlijke vluchten van de duiven. Heren van de wateren waaronder de fuut, een einzelgänger. De groepen eenden die sociaal kwaken en ditzelfde geldt voor de ganzen die weer een geheel andere uitstraling hebben: die van een groep individuele wezens die voortschrijden op een respectvolle manier. Let hierbij op de manier hoe zij hun jongen begeleiden op hun prille levensweg. Let op de velerlei verschijningen van ervarende en belevende wezens. Sta open voor hun zijn en hun unieke schoonheid. Onderscheid hun uitstralingen en hun gemanifesteerde vormen van wezensgesteldheden die ieder zijn eigen groep van kenmerken draagt. Om deze bonte en oneindige wezensgesteldheden generaliserend onder te brengen onder het voor ons gemakzuchtige kopje *dieren*, zegt meer iets over de wezens die deze bekrompen bewoordingen gebruiken dan over wat deze variationele veelheid aan wezensgesteldheden in werkelijkheid gemeen heeft. De benaming *dier* is veelzeggend voor degenen die in onwetendheid leven ten aanzien van de velerlei vormen van leven en van werkelijkheid ervarende wezens die tot ons komen vanuit ongekende werkelijkheidstoestanden en wezensgesteldheden. De heerser van het animale koninkrijk. De kroon op de schepping die zichzelf betiteld heeft tot *mens*. Dat wezen dat heersen zal over de dieren volgens de Bijbel en koning is van de natuur. Dat wezen is in feite een koning van zijn projecties. Een wezen dat leeft te midden van zijn benamingen van iets waar hij totaal geen weet van heeft. Een koning die zijn onderdanen niet kent en hun levens niet kan doorgronden. Waar de vele wezensgesteldheden vanuit een waardige toestand van gedogen naast elkaar leven en hun velerlei wetten en hun moraal accepteren, leeft de mens in strijd met zijn soortgenoten. Zelfs zichzelf kan hij niet accepteren. In de wereld van de vele wezensgesteldheden die de mensen met minachting *dieren* noemt, is een vreemdsoortige toestand gaande. Wezensgesteldheden die finaal vreemd zijn aan andere leven naast elkaar. Gazelles leven naast slangen, krokodillen, nijlpaarden, leeuwen, panters, bavianen en naast andere soorten. Alle leren samen te leven in dezelfde habitat. Zij leven

vanuit een vorm van acceptatie van elkaars wezensgesteldheden. De leeuw duldt de gnoe in zijn omgeving en de gnoe de leeuw. Aan de gesteldheid van de leeuw ziet de gnoe of deze honger heeft of niet. De gnoe wordt wat zenuwachtig als de leeuw de houdingen aanneemt waarmee hij laat blijken dat hij op jacht gaat. De leeuw die op jacht gaat naar zijn prooi weet dat zijn prooidieren niet naar andere landen zullen emigreren omdat zij vinden dat zij dat zij in wantoestanden leven, dat zij vervolgd worden door de leeuw. Nee, de gnoe leeft naast de leeuw en voedt zelfs zijn jongen op naast de leeuw, die zijn welpen opvoedt. De natuurlijke staat van zijn is dat de leeuw naast het jong van de gnoe slaapt. De wezensgesteldheden hebben een wederzijds begrip van elkaar dat ontbreekt bij de menselijke wezensgesteldheden. Deze hebben geen natuurlijke verbinding met de rest van de vele wezensgesteldheden. Het contact met zijn omgeving lijkt dit wezen te missen. De mens ervaart en beleeft vanuit een onwetendheid ten aanzien van welke andere wezensgesteldheid dan ook.

Dwalen

Verdwaal in de werelden.

Zweef tussen de dimensies.

Dool door woeste gebieden.

Ontmoet velerlei wezensvormen

en wonderlijke

verschijningen.

Beleef vele dramatische

avonturen.

Vergeet daarbij één ding nooit

uit het oog.

Jij

bent de spil

van jouw ervaring.

Jij bent het middelpunt van

jouw/ het universum.

Zonder jou zijn deze ervaringen en deze reizen niets
waard.

Zonder jou is er niets wat kleur heeft en waarde.

Zonder jou

is er

niets.

Vergeet niet dat

jouw existentie

veel voeten in de aarde heeft gehad.

Jij bent hier niet zomaar.

Het is maar in hoeverre jij jezelf serieus neemt.

Jouw leven kan plat gezegd zijn:

Een grote grap.

Als dit jouw overtuiging en waarheid is

ben jij ook één grote grap.

Vind jij jezelf een niemendal,

dan ben je dat ook!

Ben jij echter juist diegene die vanuit erkenning zijn unieke
leven leeft en beleeft

Dan zie je de waarde in

van jouw bestaan en wezen.

Dan ervaar je alles als essentieel.
Jouw leven en lijden, jouw vreugde, moeite en strijd en de
mooiste ervaringen in jouw bestaan krijgen een geheel andere
lading

als jij jezelf ziet

als de essentie van wat is.

In welke context zie jij jouw bestaan op Aarde?

Wat is jouw realiteit?

Wie ben jij en waar sta jij in het grote plaatje?

Hoe ervaar jij jezelf?

Hoe zie jij jezelf in verhouding

tot de rest van de wereld?

Heeft het leven zin zonder jou of met jou?

De antwoorden op deze vragen

kan alleen jij geven.

Jij bent het antwoord op alle vragen!

Ja, jij!

Maak jij je er vanaf met een jantje-van-leiden, dan komen

deze vragen vanzelf weer terug in jouw leven.
Soms in een confronterende zin.

Uiteindelijk zul jij je hart openen voor lering.

Ook jij kunt komen tot jouw essentie.

Indien jij tot de ontdekking zult komen

dat jij het kloppende hart bent van jouw/het universum,

is niets meer te gek.

Haal de woorden *gek, gestoord, raar, vreemd, abnormaal,*

maar uit jouw woordenboek.

Vergeet deze psychiatrisch getinte woordenergieën.

Stop ermee jezelf te verloochenen

op welke wijze dan ook.

Kom tot de kern

waar alles om draait.

En als jij gevonden

hebt wat essentie is

zul jij kunnen zien,

spreken, ervaren wat

waar is en wat *echt*.
Weet dat jij tot jezelf zult komen
als jij er echt aan toe bent.

Jouw tijd is nu gekomen of komt nog.

Onthoud dit goed !

Dit is een antwoord van mij, aan

jou, collega *realiteit reiziger*,

op de ongenoemde vragen die

wellicht in jouw leven spelen op een (on)bewust vlak.

Ik hoop je hiermee enigszins

op weg te helpen.

Tijd voor een openbaring III

De worsteling of het grote zoeken

Onvervulde verlangens.

Verraad aan jezelf en jouw idealen.

Verloren gaan van dromen.

Het mislukken.

De crisissen.

De pijn.

De innerlijke pijn.

Die nooit lijkt op te houden.

Dat wat door doktoren en psychologen als chronisch wordt
bestempeld.

De zorgen aan je hoofd.

Je verliezen en je winst.

De ziekte waar jij aan lijdt.

De geestesziekte of lichamelijke gebreken.

Jij gelooft niet meer in jezelf.

Jij gelooft niet meer in wat dan ook.

Je hoopt allang niet meer.

Je dromen zijn altijd bedrog.

Dat weet je zeker.
De pijn in jou is ondraaglijk.

Afgestompt ben je en lijk je.

Je spot met jezelf en je lacht om alles wat zogenaamd
heilig en vol eerbied is.

Jij vindt niets heilig.

Jij aanbidt niets.

Niets heeft nog waarde.

Je bent christelijk opgevoed of anders en je hebt schijt aan
de idealen van je ouders en opvoeders.

Je bent zoekende.

Waar ben je op zoek naar?

Wat geloof jij, wat hoop jij en droom jij nog?

Heeft het nog zin om te dromen en te hopen?
Heeft het nut?

Kun je er je brood mee verdienen?

Met dromen en hopen.

Want dat moet toch?

Je moet een nuttige plek verdienen in de maatschappij
waar iedereen iets nuttigs doet.

En jij?

Wat doe jij?

Wie ben jij nog?

Niets lijkt nog zeker.

Alleen de dood is duidelijk aanwezig.

Het bewijs is misschien wel geleverd.

Dood is dood.

Je wordt geboren en je groeit op.

Je wordt 40 jaar, dan 50 jaar en later een oud mens en je
sterft en dat is het.

Jouw leven lijkt bij voorbaat tot mislukken gedoemd.

Jij stelt niks voor.

Vele anderen komen na jou en vele anderen waren er voor
jou.

Jij bent niet van belang.

Dat doet pijn.

Naar die pijn wil jij niet luisteren.

Dus luister je niet meer en druk jij die pijn weg.

Je verstopt de pijn en het gevoel.

Voor de buitenwereld maar vooral voor jezelf.

Jij wilt niet meer voelen en pijn lijden.

Het liefst zou je willen dat er iemand op deze wereld is die jou verlost van jouw ellendige bestaan.

Zo leef je dan een ogenschijnlijk zinloos leven.

Zonder zin en zonder gevoel en zonder passie.

Een leven waarin jij spot met alles wat jij ziet als nep en huichelachtig.

Niets is heilig.

Niets is het waard om stil van te worden.

Zo spot je met alles en spot je zelfs met jezelf.

Je lacht om jezelf en je zogenaamde idealen en mooie dromen en gedachten en gevoelens.

Het enige hart dat jij kent is het hart dat jouw lichaam in werking zet en ophoudt te kloppen als je sterft.

Als je dood bent.

De enige zekerheid die jij nog hebt is dat.

Misschien is dat ook je enige hoop.

Gauw dood te gaan, want in dit leven is niets van waarde te vinden.

Eigenlijk voel je je al overleden.

Je bent al dood.

Een levende dode ben je.

En dat zie jij.

En dat voel jij.

Diep in jou weet jij dat je vegeteert en niet echt kunt leven.

Je zit bekneld.

Je zit vast.

Je gelooft niet.

Je hoopt niet.

Je droomt niet.

Je wenst niet.

Het heeft toch geen nut en geen zin.

En toch ergens diep in jou worden jouw wensen gevormd.

Diep in jou worden dromen gedroomd.

Diep in jou leeft de hoop op iets anders.

Diep in jou zijn er krachten die sluimeren.

Diep in jou zijn er vele redenen waardoor jij je geloof weer terug kunt krijgen.

Diep in jou.

Wat jij niet kunt horen.

Wat jij niet kunt zien.

Wat jij niet kunt voelen.

Wat jij niet kunt proeven.

Het is er.

Het gaat altijd met je mee.

Al ben je een levend lijk.

Een zombie.

Dan nog.

Waar jij nu staat en wat jij nu meemaakt.

Die ellende en dat chronisch onbevredigde gevoel.

De vraag die jij jezelf stelt luidt:

'Is dit het nou?'

Er is iets wat wacht.

Er is iets wat rijpt.

Er is iets wat ooit naar boven zal komen.

Wat jou zal vervullen.
Wat jou zin zal geven en hoop en wat aanleiding geeft tot dromen.

Wat jou doet opleven.

Datgene wacht.

Hoelang weet ik niet maar het wacht op jou.

Wat ongezien is voor jouw zintuigen, bestaat wel degelijk.

Het is er.

Daar is geen twijfel over mogelijk.

En als de tijd daar is, zal het naar boven komen en jou datgene geven waar jij ten diepste naar smacht.

Jij zult vinden wat je zocht.

Wat jij zoekt is eigenlijk heel dichtbij maar het lijkt zo ver weg te zijn.

Allerlei hindernissen houden jou weg van de plek waar jij naar toe wilt gaan.

Jij bent nog niet klaar om naar deze plek te gaan.

Jij moet eerst nog leven en vegeteren zoals je nu doet.

Dat moet.

Het kan niet anders.

Het hoort erbij.

Wil je ooit leven, dan zul je nu moeten meemaken hoe het
is om niet te leven.

Hoe het is om te leven vanuit frustratie en onderdrukte pijn
en vanuit het bespotten van jezelf.

Jij die van jezelf en alles om je heen een karikatuur maakt.

Jij, die de geheimpjes van anderen ontrafelt en erom lacht
en ermee speelt en ermee spot.

Eens zal er een verandering komen in jouw niet-leven.

Wanneer dat is, is niet bekend.

Het kan nu zijn of straks of ooit of….

Nooit.

In dit leven niet.

En dan nog.

Voor jou is dood gewoon dood.

Voor mij….

is de dood slechts een overgang naar iets wat zich
gevormd heeft hier op aarde.

Jouw hele leven lang zal zich namelijk iets vormen binnen in jou.
Door jouw pijnen en jouw lijden, door jouw mislukkingen, frustraties en jouw vreugden.

Alles wat jij bent in jouw leven of in jouw niet-leven vormt datgene wat de tijd zal doorstaan.

Jij bent de bron van jouw dromen en wensen, jouw hoop en geloof.

Weet dan dat jij het begin bent van iets moois.

Iets ontzaglijks.

Iets kostbaars.

Jouw lijden en pijn en alles wat jij meemaakt hier op aarde is de bron van jouw verre toekomst en jouw sleutel tot andere werelden.

De dood lijkt het einde maar is enkel een nieuw begin.

Of je lang leeft of kort, al is het slechts een seconde, maakt niet uit.

Zelfs een zuigeling die sterft zal zijn essentiële dromen waarmaken en hij zal leven ook al is hij gestorven.

Het gaat er niet om of je honderd jaar wordt of slechts twee jaar.

De mens die een kortstondig leven krijgt zal in deze korte stonde intens leven en zijn verborgen verlangens zullen een geschenk zijn aan de andere werelden die er zijn.

De dood is in deze wereld een reden tot onbegrip, pijn en ongeloof.

De mensen die niet weten en niet verder kunnen kijken dan wat zij zien, trekken hun haren uit hun hoofd van afgrijzen als er een jong mens is gestorven aan een ziekte, door een ongeval of zelfmoord.

De waarom-vragen komen naar boven.

Maar dit blijft een zinloos vragen omdat wat dood is ons niets kan vertellen.

Wij levenden hebben alleen contact met wat leeft en wat dood is, is dood.

Dat moet ik wel eerlijk toegeven.

Wat dood is, is ook dood.

Maar het verhaal houdt niet op bij de aardse dood.

De aarde is het begin van de vele werelden die er zijn en er elke dag bijkomen.

Uit de mensen in deze wereld ontstaan de andere wezens en de andere werelden.

Alles is zinvol wat hier gebeurt.

Alles heeft een diepe grond.

Het moet zo zijn als het moet zijn.

Het is goed zoals het is.

'To be or not to be,

that's the question'.

En dat is het ook.

Daar gaat het om.

Mensen twijfelen aan hun bestaan en de zin van hun leven
is voor velen onbekend.

Onbegrip.

Blindheid.

Onwetendheid.

Ook dit moet zo zijn zoals het is.

De vragen:

Wie ben ik?

Waar ga ik heen?

Wat ben ik?

Sommigen zullen deze antwoorden in dit leven vinden.

Anderen niet.

Sommigen zullen ontdekken wat de bron is van hun leven
en dat wat hen vanuit diepe vervulling doet leven.

Zij zullen dat ontdekken wat essentieel is voor het
menselijke leven hier op aarde.

Zij zullen de andere onwetende en blinde mensen geleiden
en raad geven.

Want leiding mag ieder mens ontvangen.

Niemand staat er uiteindelijk alleen voor, ook al voelt dat
wel zo.
De aarde is een speciale plek.

Het gebeurt hier.

This is the place to be.

Tuur dan niet te veel de oneindige ruimte in want daar zul
je geen heil van verwachten.

Richt je dan op de aarde.

Jouw woonplaats, jouw wereld en bron van jouw bestaan.

Richt je op de mensen en op jezelf.

Want het draait in deze allemaal om jou.

Jij.

In jou gebeurt er iets.

Jouw dromen worden bewaard en gekoesterd.

Jij bent van belang.

Ja, echt waar.

Ten diepste heeft het leven op aarde een zin en een doel.

Een groots doel.

De aarde lijkt kwetsbaar maar ze kent krachten die onuitputtelijk zijn en ze zal net zo lang bestaan als nodig is.

Zij is het begin van iets moois en betoverends.
De mensen zijn er niet zomaar.

De aarde is er niet zomaar.

Het moet allemaal zo zijn zoals het is en het is goed zoals het is.

Het is goed.

Dat geldt op kleine schaal ook voor jou.

Jij bent goed zoals je bent.

Als je huilt.

Als je vreugde kent.

Of je je levend voelt of dood.

Of je vanuit passie leeft of vanuit een voortdurend onbevredigd gevoel.

Het moet zo zijn.

Of je ziek bent of gezond.

Of je aan het begin van je leven staat of aan het einde.

Het is altijd goed.

Dit is geen troost.

Dit is geen hoop.

Dit is geen droom.

Dit is geen fantasie.
Dit is een wetenschap.

Een wetenschap van het hart.

Dit is realiteit.

De realiteit dat er meer is dan wij vermoeden (ook in onze dromen).

Of je het gelooft of niet.

Of je het voelt of niet.

Of je het weet of niet.

Het maakt niet uit.

Het is gewoon zo.

Alles gebeurt

Alles heeft een verborgen uitwerking die je reden kunt noemen of lot. Zo ervaar ik het.

De fluistering van de wind, het kwaken van een eend, het defect van een apparaat, het vallen van een steen, een auto-ongeluk, een stortregen, een ontmoeting met een vriend of een vijand, de sfeer uit een boek, een geluid, een reuk, een gevoel.

Alles werkt mee en vormt het verhaal waarin een mens kan spelen. Het vormt het decor van wat er zich afspeelt. Het geeft aanleiding tot improvisatie en levensspel.

Alles wat ik ooit in mijn leven heb opgeslagen komt naar boven op het juiste moment. Stukje bij beetje. Een inval, herkenning, déjà vu.

Alles wat ik eens als een spons heb opgenomen en opgeslurpt van mijn invloeden uit mijn jeugd en verleden komt op het goede moment en op de juiste plek naar boven.

Alles werkt mee aan mijn levensverhaal. Alles.

Alles sleurt mij mee en brengt mij tot het leven dat ik leid en dat ik soms zelfs niet wil leiden. Soms ben ik het zat en ben ik van plan om de hele dag in mijn bed te blijven liggen. Als ik alle macht en alle invloed over mijn leventje zou hebben, zou ik dat zeker gedaan hebben.

Maar....

Terwijl ik van plan ben om de hele dag in bed te blijven liggen, krijg ik onrust in mijn spieren en een wat naar gevoel in mijn buik. Mijn lichaam wil beweging. Tegen mijn wil en zin in sta ik op en loop ik wat in de kamer rond. De onrust in mij drijft mij tot daden en woorden.

Al mijn controle over mijn leven verlies ik als het leven tot mij praat en mij dwingt om te leven en verder te gaan met het verhaal waar ik in zit. Waarvan ik deel uitmaak.

Alles maakt deel uit van het lot. Het is één groot complot dat mij leidt en drijft. Ik heb er niks tegenin te brengen. Ik moet gewoon overal zijn waar ik moet zijn en mijn bescheiden rol spelen. Zo gaat het. Al sinds mijn geboorte. Ik heb niks te zeggen over het lot en over wat ik vandaag zal meemaken.

Ik kan me verzetten tegen wat er gebeurt in mij en buiten mij om. Vechten tegen de invloeden buiten mij en in mij. Vechten en ontevreden zijn of juist bang zijn. Bang voor wat er gaat gebeuren. Controlefreak worden en alles schijnbaar kunnen controleren en in een waan leven.

Ik laat mij meevoeren met de beweging. Ik ga mee met alles. Alles maakt deel uit van mijn leven dat ik leef en alles moet ik aanvaarden. Niks is overbodig van wat er gebeurt.

Soms maak ik een keuze. Maar wat het maakt dat ik die keuze maak weet ik niet. Ik voel een zekere vrijheid maar tegelijkertijd ook een gedrevenheid die mij voortstuwt ergens heen.

Ik voel me een blaadje dat van een boom dwarrelt en met de wind mee waait. Waarheen hij gaat weet hij niet en de wind laat hem dan weer hier bewegen en dan weer daar. Het blaadje denkt dat hij zelf beweegt maar het is de wind die hem doet bewegen. Het blaadje hoeft alleen maar te zijn. Te bestaan. Dat is wat hij kan doen. Het enige wat hij kan doen is zijn. Zichzelf zijn en geen strijd voeren. Een strijd die eigenlijk altijd innerlijk is want tegen het lot kun je niet vechten. Het lot voltrekt zich en bestuurt jouw leven, geeft jou aanwijzingen die jij opvolgt.

Innerlijk kun je tegen spoken vechten en beren en andere dingen. Innerlijke onvrede over je lot. Onvrede over de bewegingen die jij moet maken. Jij hebt te gehoorzamen aan de grillen van het lot. Innerlijke onvrede over jouw uiteindelijke bestemming. Innerlijk. Het is altijd innerlijk want uiterlijk vecht jij niet maar ga je altijd mee met wat het lot jou gebiedt. Jouw lichaam is onvrij. Jouw lichaam is bestemming en drijfveer van het lot. Jij bent bepaald. Jij wordt bepaald. Jouw geest of jouw innerlijk heeft echter een zekere vrijheid. Meer ook niet. Jouw innerlijk kan veranderen. Evolueren. Groeien.

Jouw houding ten aanzien van wat er gebeurt om je heen en in jou kun je leren bepalen, leren zien en leren veranderen. Jouw houding. Jouw levenshouding. Daar gaat het om. Vecht je tegen jezelf of tegen jouw lichaam of leer je vrede te hebben met wat er allemaal gebeurt? Leer je het leven lief te hebben en ervan te houden? Leer jij je lot lief te hebben?

Leren te zijn. Leren te bestaan zonder innerlijke strubbelingen. Dat kun je doen. Dat is de bescheiden kracht die jij hebt.

Alles wat je meemaakt maakt deel uit van het verhaal waar je in zit. Leer je innerlijke ogen te ontwikkelen en kijk je lot in het gezicht en je ziet iets dat op een verhaal lijkt. Jouw leven is gelijk een verhaal. Misschien wel een sprookje. Misschien iets anders. Jouw leven is verankerd in iets wat groter is dan jij zelf bent.

Er is iets richtinggevends in jou en buiten jou. Dat noem ik materie. Materie is iets breeds. Materie is stof, steen, hout, water, vuur, wind.

Maar wat is nog meer materie? Materie volgens welke jij functioneert en leeft en wandelt en fietst en zwemt. Dat zijn de regels. De regels die ons vormen maken deel uit van de materie.

Alles om ons heen en in ons is materie. Wij zijn gevormd en wij worden gevormd. Wij zijn ons onbewust van wat allemaal materie is. Regels en wetten en natuurwetten en wetten van ons lichaam en wetten van ons innerlijk leven. Alles is ingebed in materie. Wij zijn stoffelijke wezens en wij zijn gevormde wezens.

Wij zijn ons onbewust van de hoeveelheid materie die ons bepaalt. Wat bepaalt mijn bewegingen en mijn gaan en staan? Wat bepaalt mijn denken en mijn voelen? Wat bepaalt mijn liggen en mijn slapen en mijn dromen?

Denk jij dat de wetenschap alles ooit zal kunnen verklaren??

Materie is aan verandering onderhevig.

De wetenschap leert elke dag weer iets bij over de materie. Elke keer komt de wetenschap met een theorie die een tijdje meegaat en dan wordt veranderd of ongeldig verklaard.

De wetenschap zal de materie nooit helemaal begrijpen. Daar zorgt de materie zelf wel voor. Daar zorgt het lot wel voor. Het levende en het niet-levende. De materie is namelijk aan ontwikkeling onderhevig. De materie beweegt. De materie *leeft*. En dat wat leeft evolueert telkens weer. De materie is niet iets blijvends maar iets veranderlijks.

Elke keer als er weer iets verandert in de materie, verandert er ook weer iets in de wetenschap. De wetenschap staat ook niet stil. Zij maakt zelfs onderdeel uit van de materie. De wetenschap is ook onderworpen aan haar lot en kent haar toekomst niet en is blind voor wat komen gaat. Geen statistiek die het lot kan vastleggen of voorspellen. Geen knappe wiskundige die het levende lot in een enkele formule kan vatten. Het lot laat zich niet manipuleren door wezens die onderworpen zijn aan zijn macht.

Terug naar mezelf en naar jou. Wij zijn materie. Wij zijn op een bepaalde manier niet vrij. Klinkt je dat benauwend in de oren? Voel je je al als een robot? Een hersenloze zombie? Zie jij dieren ook als robots die reageren vanuit blindheid en instincten? Zie jij mensen als goden of als godenkinderen? Als wezens die superieur zijn aan andere levende wezens? Maak jij het onderscheid tussen de mens en het dier? Zijn mensen zo anders als de dieren? Als de planten? Denk jij dat de mens niet onderworpen is aan dezelfde wetten als de dieren? Denk jij dat dieren geen ziel hebben of vrije wil? Denk jij dat? Wat is jouw visie op de wereld?

Door welke materie word jij beheerst? Want het beheerst namelijk jou. Denk jij nu echt dat jij iets beheerst? De gedachten die jij hebt. Waar komen jouw theorieën en jouw wereldbeeld vandaan? Uit boeken die geschreven zijn en uit monden van jouw opvoeders en leraren. Zelfs je innerlijk leven wordt bepaald door materie. Want zelfs woorden zijn materie en de gedachten die je overnam van je ouders en andere autoriteiten in jouw leven. De gedachten die uit jou komen. Heb jij die gevormd? Heb jij grip op jouw uitingen en bedenksels? Ben jij het die denkt? Ben jij het die bepaalt wat je denkt en droomt en fantaseert?

Het lijkt wel alsof alles geleefd wordt in plaats van dat het leeft. Alsof alles wat materie is blind handelt en blind leeft.

De blinde vlek van de mens is dat hij denkt dat hij alle touwtjes in handen heeft. Dat hij het allemaal zelf doet. Maar wat stelt het zelf nu eigenlijk voor als je niks te kiezen hebt. Als je een speelbal bent van alles wat jou voortbeweegt. Want dat doet het.

Denk je dat jij het bent die beweegt en handelt en ademt en slaapt en droomt?

Ik voel me klein. Onmachtig sta ik tegenover de materie. Tegenover mijn lot. Tegenover dat wat mij doet bewegen en zijn. Ik lijk geen enkele keus te hebben want alles is bepaald. Alles is zoals het is en alles verandert in wat het wordt. Ik sta machteloos te kijken naar wat er gebeurt.

Binnen in mij en buiten mij om.

Wat ben ik nog?

Ik leef of ik word geleefd?

Wat ben ik nog?

Een geest

die een lichaam bezit dat gevormd is naar de wil van het lot,

beweegt zoals het moet bewegen.
Ik ben een geest.

Men noemt mij ook wel bewustzijn.

Bewust ben ik van wat er gebeurt.

Bewust.

Ik maak deel uit van een gebeuren waarop ik totaal geen vat lijk te hebben.

Ik ben een geest.

Een engel.

Een halfgod onderworpen aan de stof.

Ik ben een dier.
Gedreven door dorst en honger.

Als een baksteen.

Zo zwaar dat ik wel moet vallen.

Als een veertje dat wel moet zweven.

Ik strijd een strijd

die wel virtueel moet zijn.

Een strijd in de hemelse gewesten

tegen demonen

in mijn eigen hoofd.
Want daar verblijf ik.

Ik ben een toeschouwer

die alles meemaakt wat hij moet meemaken.

Een beleving.

Dat ben ik.

Een beleven.

Niet iets, maar een leegte die gevuld wordt.

Telkens weer.

Onophoudelijk.

Dat wat voelt .

Dat wat ziet.

Dat wat ervaart.

Dat ben ik.

Het leven is als een schouwspel.

Een tot leven geworden droom

waarin ik in een lichaam zit en

me bewust ben van mezelf,

van wat ik ben, ooit was en nog word.

De getuigen

Om de drama's van de mensenlevens te steunen, te inspireren en te leiden zijn er *de getuigen* : ongekende maar toch zeer vertrouwde vormen van existentie. Mede dankzij deze vormen krijgt de mensheid verhaal, leven en voortgang.

De getuigen zijn de kleinste onder de levensvormen. Biologisch gezien zijn dit de insecten. De grotere levensvormen, *de vliegende Boeddha's* ofwel de vogels, worden *de mensheid der vogels* genoemd. *De getuigen* zijn alomtegenwoordig. Zij hebben een directe connectie met elkaar. *De getuigen* zijn op een geheimzinnige manier verbonden met de mensen.

De mensen kennen de verborgen identiteit niet van de kleinste levensvormen. De mensen kennen sowieso niet eens de verborgen identiteit van elkaar noch van zichzelf. Zij kennen allen de natuurkundige, biologische verklaringen en onthullingen over de natuur en haar levensvormen. Verder weten mensen niets en als ze eens een inzicht hebben zullen zij dat bagatelliseren en wegdrukken alsof het een fantastisch dwaalbeeld was, iets wat niet waar kan zijn. Wie ben jij om de waarheid te kennen en haar te beleven?

De doorsneemens twijfelt en ontkent wezenlijke intuïtieve wetenschap en openbaringen en conclusies. Hij weet dat hij fantaseert. Hierdoor ondermijnt hij wat hij kan weten. Zo gooit deze mens alle deuren naar verlichting dicht.

Er zijn onzichtbare doch wezenlijke invloeden uit de werelden van de elfen, feeën en gnomen/dwergen. Deze werelden bestaan naast de mensenwereld. Mensen weten niets af van de werelden achter de interpretatie van de wereld die zij vanuit gezond en nuchter verstand met elkaar delen. De zogenaamde gedeelde consensus. Zij delen de schone schijn ofwel de schijn van het alledaags normale.

Als een doorsneemens even intens geconfronteerd wordt met het wonderlijke alsook met het niet-verklaarbare of zelfs het magische, dan zal hij al gauw weer de oogkleppen opdoen en zijn opening tot de andere dimensie versleutelen, zodat men weer verdergaat zoals men altijd al deed. Het was slechts toeval zegt men dan, verder niets. Deze vorm van cynisme en scepticisme is jammerlijk te noemen: het maakt van een potentieel sensitief wezen een bekrompen mens die vanuit een enge kokervisie existeert.

Ook is het een feit dat de mensen iets pas willen geloven en aanvaarden als het ongekende verschijnsel wetenschappelijk erkend wordt. Als de wetenschap iets beweert, geloven wij het en tot die tijd nemen wij onze eigen ervaringen met het onkenbare met een korreltje zout. Wij geloven niet in onze eigen ervaringen en in de kracht van onze eigen belevingen en waarheden. Wij geloven niet en dit is dan ook de reden dat in onze wereld mensen/entiteiten rondlopen die niet durven te weten. Men is geïndoctrineerd door de regels van de wetenschap die de juiste interpretatie van hun onderzochte feiten claimt en wij, de normale mensen, geven onze eigen waarheden weg en ontkennen deze waardoor wij gaan geloven in de Wetenschap en afhankelijk worden van hun gelijk!

Ons kinderlijk vermogen tot ontdekken en onderzoeken evenals het pure ervaren en beleven zijn voor volwassen doorsneeburgers niet weggelegd. Het kind dat verwondert en vanuit eigen waarheden leeft, wordt door bepaalde krachten en invloeden 'vermoord'. Wij, de normale mensen, verwaarlozen het innerlijke kind. We zien het niet meer.
We hebben geleerd (door de media en misschien zelfs door onze opvoeding) dat wij onze eigen onbetwistbare waarheden moeten laten afmeten aan wetenschappelijke normen.

Dit is ons fataal geworden. Door onze ziel te verkopen en onszelf te ontkennen verliezen we onze eigen puurheid. Door ons authentieke voelen te bagatelliseren en zelfs op te geven, stellen wij ons afhankelijk op van de 'heilige' wetenschap die uiteindelijk alles zal verklaren.

Wij wachten op het volgende nieuws waarin de wetenschap weer nieuwe feiten presenteert die wij dan voor waar moeten houden met als gevolg dat wij onze eigen authentieke zienswijze weggooien zijnde waardeloos, onecht en onwetenschappelijk.

Op deze wijze geven wij de media en *de kerk van de wetenschap* de macht.

Wij weten niet beter.

Wij weten als het is bewezen door een macht buiten ons om.

Religieuze macht en invloed buiten ons om = kerk, God, Jezus.

Macht en invloed buiten ons om in de hedendaagse tijd = Wetenschap

De angst om echt iets te voelen en te weten is levensgroot. Wij lezen liever de feiten uit de krant en uit andere media dan zelf te voelen en te denken, te kijken en wezenlijke verbanden te leggen.

Dit durven wij niet.

Het wordt ons ook zeker niet geleerd.

Samsara alom!

De intieme band die wij zouden kunnen smeden met de realiteit zoals wij die ervaren, wordt door velerlei invloeden verstoord en onze gedachten, waarheden en inzichten worden ontkracht.

Aan ons de uitdaging om het verloren, onderdrukte en weggedrukte erfgoed wederom te ontdekken en er contact mee te maken. Dit is iets wat een menselijk wezen kan bereiken.

Vertrouwen krijgen in jouw prachtige en schone poëtische kracht om de werkelijkheid te kennen op een unieke wijze.
Je hebt het vermogen te kennen en te weten, te zien en te voelen.

Jij kunt jouw gelijk ontdekken en groeien in jouw zienswijze en waarheid.

Verlos jezelf van de subtiele hersenspoeling en *zielenspoeling*.

Verlos jezelf en stijg boven de middelmaat uit, stijg op naar eenzame hoogten. Alwaar jij de wereld aanschouwt en ervaart zoals geen ander dat kan.

Laat achter dat wat jou klein houdt en onbeduidend.

Niemand heeft patent op wat waar is en wat niet.

Niemand.

Onthoud dit, ontdek en beleef en ervaar en put jouw wetenschap uit wat jij meemaakt.

Jij bent de maatstaf van jouw wereld.

Jij.

Wij weten wat de kerk niet weet.
Wij weten wat de wetenschap niet kan weten en nooit zal kunnen weten.

Bepaal zelf jouw wetenschap.

Bepaal zelf.

Ontdek waarde en inhoud en ontdek wat alleen jij kunt ontdekken.

Ontdek wat verborgen is en geheim voor de ogen van de ander(en).

Geloof in het innerlijke kind dat helder ziet. Helderheid kun je verkrijgen indien jij afscheid neemt van de status quo die macht over jou krijgt door jouw geloof in de benauwende krachten. Wees verantwoordelijk voor jouw kosmologie en wereldbeeld. Jouw wereld is jouw eigendom. Jouw wereld is jouw thuis.

Laat niemand anders toe in jouw levensbeschouwing.

Jij hebt gelijk en jij bent het gelijk.

Dit is jouw erfrecht.

Vecht voor jouw recht,

het recht dat de wereld jou niet zal geven zonder dat er strijd voor gevoerd is.

Vecht voor jouw innerlijke autonomie.

Voer de heilige strijd en maak je los van de dictatoriale invloeden van de opgedrongen waarheid die tot jou komt uit vele kanalen.

Zuiver jezelf.

Kom tot jezelf en tot jouw latente vermogens.

Geloof.

Geloof dat jij kunt weten.

Duisternis

Vele paden betreedt een *realiteit reiziger*, waaronder wellicht de duistere en de enge paden door taboe te noemen sferen in hemzelf. De verborgen paden die beter nooit het daglicht kunnen aanschouwen. De wegen naar het niet-toelaatbare en het verbodene. Paden van schuld en boete. Paden van het beestachtige, het onmenselijke. Het kwade geweten speelt op en brengt ons in opperste onzekerheid. Tot wat zijn wij in staat? Wat leeft in ons? Wanneer barst de bom? Welke gevoelens en gedachtenrealiteiten onderdrukken wij? Ben jij soms bang voor je diepste wezen? Voor jouw meest zwarte kanten? Waar ben jij bang voor? Wat is jouw schaduwzijde? Belichaam jij diep van binnen verboden verlangens en gevoelens? Kun jij leven met wie je werkelijk bent? Leid jij een dubbelleven en in hoeverre moet je hierin open zijn naar een andere persoon? Wat kan door de beugel en welke verlangens zijn volledig *not done* binnen jouw cultuur? Vraag jezelf dit eens af en word je bewust van je duistere kanten (als jij je er bewust van kunt worden tenminste, je kunt ze ontkennen of je bent blind voor je duisternis). Gedraag jij je sociaal wenselijk? Ben jij voor 100% aangepast? Haat jij jezelf om wat en wie jij eigenlijk bent en onderdruk jij je verboden verlangens? Denk goed na en voel en besef wie je bent. Laat dit bewustzijn toe als jij dit aan kunt. Wees eerlijk naar jezelf toe. Kun jij jezelf ten volle accepteren? Kun jij je duisternis toelaten en accepteren en zelfs integreren binnen jouw persoonlijkheid? Zullen jouw duivels ooit engelen zijn? Zul jij ooit vriendschap kunnen sluiten met het monster dat in jou schuilt? Lees door als je wilt en durft. Confronteer jezelf daarbij met jouw eigen *kwaad*. Accepteer je lichte alsook je duistere kanten. Kun jij je innerlijke, afwijkende en kwade realiteiten in de ogen kijken? Durf jij te erkennen dat jij zo bent van binnen? Durf jij deze gevoelens en gedachten toe te laten en er te laten zijn zonder oordeel of veroordeling. Durf jij met jezelf te leren leven? Durf jij zelfs vrede toe te laten en vrede te hebben met wie en met wat je ook bent? De lichte kanten kun je vaak iets gemakkelijker toelaten omdat dit algemeen geaccepteerde gevoelens of gedachten zijn. Met de duisternis in ons wezen is het anders gesteld! Sommige dingen verbergen wij, uit angst, schaamte, voorzichtigheid of uit tactische overwegingen. Wij weten wanneer wij iets moeten vertellen en wanneer te zwijgen. Als wij onszelf tonen en blootgeven is het risico misschien groot dat we ons op glad ijs begeven en we zelfs voor onze levens moeten vrezen. Duistere kanten worden niet getolereerd in welke samenleving dan ook, indien men deze niet onder controle weet te brengen. Ieder mens (ja, zelfs Moeder Theresa en Dalai Lama!) leeft of heeft geleefd met duistere kanten en realiteiten. Er zijn religieuze stromingen die het duister verkennen en krachten putten uit de diepste duisternis die er maar in een mens kan zijn. Het satanisme is een stroming die ruimte biedt voor krachten die worden geput uit rituele, gekanaliseerde vormen waarbinnen haat, machtsgevoelens en destructiedrang ruimte krijgen. Binnen deze religieuze stroming wordt de duisternis gezocht en aan banden gelegd en deze krachten worden zelfs benut ten behoeve van de individuele mens zelf. Vanuit deze stroming, die vele substromingen kent, wordt de ziel vanuit een duister te noemen gezichtspunt bezien en ervaren. Ook het beest in de mens wordt binnen deze religieuze vorm geëerd en als wezenlijk beschouwd. Binnen het satanisme worden verboden kanten van de mens aangesproken en zij krijgen een bestemming. Het gevolg kan zijn dat de individuele satanist een completer mens wordt. Completer in de zin dat het lage en het dierlijke een zinvolle en construerende kracht zal blijken in iemands bestaan. Als je jouw duistere kanten ontkent en verdringt, zul je jezelf nooit ten volle liefhebben en accepteren wat en wie jij bent. Het licht staat niet op zichzelf. Ook de duisternis is er. Als je wilt, kun je leren om beide kanten te laten samensmelten, te integreren. Alleen als jij dit aandurft, zal jij reizen door jouw innerlijke wezen om te leren en te beseffen van wat daar ligt. Deze ultieme lering zul jij zelf moeten trekken uit wat jij bij jezelf ontdekt. Je kunt dit alleen doen of samen met een ander. Voorwaarde is wel dat het vertrouwd is.

Alhoewel ik niet uitsluit dat jouw reis naar je innerlijke demonen een confronterende belevenis kan worden. In deze is het leven ook zeker een spannende onderneming waarbij risico's aanwezig zijn. Indien jij jouw schaduwkanten onder ogen zult zien, zul je misschien zelfs uit balans raken voor een onbepaalde tijd. Niets is zonder gevaar! Dit geef ik jou mee. Aan jou om hier uiteindelijk iets mee te doen of juist helemaal niets. Jij bepaalt de reis en de doelen. Aan jou is het om *gevaarlijk te leven* (een uitspraak van de grote Duitse filosoof Friedrich Nietzsche). Doe er jouw voordeel mee.

Hé jij daar !

Ja jij !

Word wakker !

Wanneer gaan we realiteit reizen, jij en ik.

Of beter gezegd, jij of ik?

Wie bepaalt waar we heen gaan en wat we gaan ervaren?

Ik weet nog niet of wij samen gaan.

In hoeverre zullen en kunnen wij onze ervaringen met het
realiteit reizen delen?

In hoeverre kunnen wij delen?

Mmm, even voel ik een ongemakkelijke distantie en dan

kom ik weer tot mezelf.

Ik stel voor dat we ieder een eigen kant op gaan.

Jij jouw kant en ik de mijne.

Ik wens jou een goede en spannende reis toe.

Dat jij datgene mag meemaken wat jij wilt meemaken.

Alsof willen ertoe doet.

Misschien wel. We zullen zien.
Tot later, waarde *realiteit reiziger*.

We zullen elkaar zien op een voor ons ongekend tijdstip.

Alsof tijd ertoe doet als je realiteit reist.

Alsof afstand en nabijheid twee verschillende dingen zijn.

Ik zal je maar laten gaan.

Ga en ervaar jouw unieke vermogens om te mogen
meemaken wat het betekent om

contact uit de eerste hand te hebben met entiteiten en
wezens die van gelijke aard lijken, maar dat niet zijn.

Laat je verrassen.

Niets is vanzelfsprekend in het leven en in de veelvormige
wereld van de existentie.

Door de vele gelaagdheden die jij bent, dreig je de
buitenwereld uit het oog te verliezen.

Je zult keuzes moeten maken in hoeverre jij jezelf zult
willen ontdekken

en heel misschien..

is dit geen keuze.

Misschien is dit het kernpunt waarnaar jouw leven moet
leiden.

De kern van de zaak is in jou gelegen.

In jouw onwerkelijke zelf dat
de mogelijkheden bevat om

verwerkelijkt te worden.

Over zwarte gaten en levensverlies

Gevangene in de anti–materie.

Dat wat alles uit je zuigt.

Je gehele ziel en zaligheid.

Ik ben een negatief.

Ik ben niet degene die ik hoor te zijn.

Ik ben niet levend.

Ik ben ook niet dood.

Ik ben gevoelloos.

Ik kan niet komen tot de kleuren,

de vormen en de klanken.

Waar ben ik in godsnaam?

Ik ben niet slapende.

Ik ben niet wakende.

Gevangene van een niet–wereld.

In de echte wereld.

Niet eens in een waanwereld.

Leefde ik nog maar tussen waan en werkelijkheid.

Ik heb niet het gevoel dat ik leef.
Waar ben ik?

Waar ga ik heen?

Ik lijk volstrekte stilstand te kennen.

Geen dynamisch lichtpuntje meer.

Alles zit vast.

Ik begrijp het niet.

Ik voel het niet.

Wat is dit in vredesnaam?

Ik ken vloek noch zegen.

De muziek is verdwenen uit mijn leven.

Niets spreekt meer tot mij.

Niets zingt meer.

Geen wisselwerking meer.

Geen verandering.

Ik zit vastgeklonken in een steen.

In een rots.

Niets bereikt mij nog.

Ik ben anti-materie.
Een negatie.

Een zwart gat.

Alles wat in aanraking komt met mij

word vernietigd.

Vervloeit.

Verdwijnt.

Vervliegt als sneeuw voor de zon.

Niets krijgt nog de kans om mij te raken.

Ik ben een vreemd verschijnsel

dat volstrekte stilstand kent,

in een wereld van groei, verandering en vergankelijkheid.

Geloof het of niet.

Over de staat van mijn zijn

is nog geen literatuur verschenen.

Geen psycholoog die dit kent.

Geen boeddhist die dit begrijpt.

De val uit verlichting.

De diepe val in dat wat geen echtheid kent.
Geen werkelijkheid.

Geen waarheid, noch leugen.

Hoe moet ik de staat noemen waar ik in verkeer?

Ik ben niet op aarde, in de hemel noch in de hel.

Waar ben ik?

Het lijkt op een puzzel.

Een puzzel met de hoogste moeilijkheidsgraad.

Zal ik deze breinbreker ooit oplossen?

Ik heb een groot, onoverzichtelijk probleem.

Een probleem dat niet te benoemen valt.

Hoe moet je een probleem oplossen dat je geen woorden
kunt geven?

Wat moet ik beginnen?

Wat ik lees,

wat ik voel,

wat ik ervaar,

verdwijnt

in de opslorpende nietsheid van wat ik ben.

Niets heeft nog effect op mij.
Niets raakt me nog.

Ik *voel* dat mij een natuurramp is overkomen.

Ik *ben* een natuurramp

of een uitzondering op de regel.

Een hoge uitzondering.

Vallen uit verlichting.

Het uitdoven van de goddelijke vonk.

Het verdwijnen van de ziel en het

oplossen van het leven in het niets.

Ik ben een wandelende nietsheid.

Niets houdt nog stand.

Ik vreet mijn ervaringen.

Mijn emoties.

Dat wat ik zie.

Ik verwerk niets.

Ik slurp en ik slurp

en er komt niets meer uit.

Alles gaat in mij.
Maar er borrelt niets in mij.

Wat ben ik nog?

Dit is de volstrekte negatie van

wat bezieling is en wat leven of niet-leven.

Zelfs stenen of rotsen veranderen nog en hebben nog een
wil.

Ik voel geen willen.

Ik voel geen ervaren.

Het enige goede woord voor deze toestand is:

zwart gat

Dat ben ik.

Ben ik nu het einde van alles?

Is dit het einde van alles?

Is dit wat overblijft van levende materie?

Ben ik gedoemd tot het blijven slurpen?

Tot de nietsheid.

De negatie van bestaan.

De negatie van zijn.

'To be or not to be, that's the question'.
Hier gaat het om.

De volgende prangende vraag omvat de omschrijving van
mijn probleem:

Ben ik

of

ben ik niet meer?

Daar zal ik mij op moeten bezinnen.

Ik lijk wel op de legendarische tovenaar Merlijn die door
een heks is opgesloten in een grot alwaar hij gedoemd is voor
eeuwig te blijven.

Of ik lijk wel op de tovenaar Gandalf The Grey (Lord of
the Rings) die door de tovenaar Saruman boven op een toren
verplaatst wordt. Waar hij voor altijd verdoemd is om te
blijven zitten (een kleine vlinder is zijn uiteindelijke redding).

Ik ben als de stripfiguur The Sandman die door zwarte
magie gebonden is en voor een onbepaalde tijd vastzit op een
plek. Door een foutje van de tegenpartij krijgt hij de kans om
zich te bevrijden uit zijn gevangenis.

Dit zijn goede en sprekende vergelijkingen die mijn staat
van zijn of niet-zijn illustreren.

Neem je tijd.

In de tussentijd zul jij leren en deze toestand leren omschrijven.

Dat is van belang.

Woorden vinden voor dat wat jij nu bent en wat jou overkomt.

Aan mij de beproeving
om al mijn vindingrijkheid en inventiviteit tentoon te

spreiden om een nieuwe weg te vinden.

Een miniscule kans om weer contact

te krijgen met het leven(de).

Dit is een puzzel.

Dit is een gevangenis.

Maar een groot tovenaar zal zijn weg

vinden en zijn kans waarnemen.

Indien deze miniscule kans zich voordoet,

zal ik ontsnappen.

En de kleine vlinder zal me helpen en de weg tonen.

En dat kan dan ook geen toeval zijn.

Alles moet zo zijn zoals het is.

Alles moet gaan zoals het gaat.

Ik heb geduld en dat zal ik

ook moeten hebben om te tonen

dat ik deze gevangenis waard ben.

Ik zal mij moeten bewijzen.
Er is een kleine kans.

Ik zal hem zien.

Als de juiste tijd daar is.

Ik zal mijn zintuigen openhouden.

Dat is wat de tovenaar doet.

En ik zal op het juiste ogenblik reageren.

Dat is het geheim.

Het geheim dat mij zal redden.

Ik kom eruit.

Dat mag ik weten.

Nu is het wachten

Op de kleine kans.

Een miniscule opening

in dat wat ondoordringbaar lijkt.

De achilleshiel zal zich aan jou tonen,

jij, tovenaar.

Als er een maas zit in het net

zul jij hem zien en herkennen.
neem dan je kansen waar

en ontsnap.

Dat is de ware magische kunst.

Geen zwarte magie is zo groot en sterk

of hij kan overwonnen worden.

Wees niet bang, zuivere ziel.

Wanhoop niet.

Lijd voor een korte of een lange wijle

en doe dan wat je moet doet.

Jij zult jezelf bevrijden uit deze toestand.

Jij hebt het in je.

Jij zult hiervan leren.

Jij zult kleine kracht gebruiken.

Op het moment dat jou een opening wordt geboden.

Dan....

Zul jij handelen!

Dan....

zul jij triomferen.
Dit zal jouw toekomst zijn.

Dit is jouw ultieme puzzel.

Jij lost hem op.

Ongeacht hoeveel tijd je dat zal kosten.

Tijd doet er niet toe.

Geld ook niet.

Jij komt daar waar je zijn moet.

Alles komt goed.

Alles is goed.

Dat is pas het begin.

Jij mag zien.

Jij mag handelen.

Jij gaat waar jij wilt gaan.

En je laat je door niets

tegenhouden.

Zelfs het niets houdt jou niet tegen

als dit niets jou een opening biedt.

Een kans.
Neem die kans.

Ga door die opening.

Je vrijheid tegemoet.

Het leven tegemoet.

Maar voor nu….

Eerst….

Geduld…

Wezen zonder naam

Ik ben de naamloze.

Ik ben identiteitsloos.

Ik ben door de hel gegaan.

Ik ben in de hemel geweest.

Ik ben op aarde geweest.

Overal heb ik namen ontvangen.

Namen die mij gevoel gaven en richting en warmte en
liefde en kilte.

Nu ben ik de namen ontstegen en sta ik in niemandsland.

Het is stil in niemandsland.

Niemand die mijn rust daar kan ontnemen.

Niemand die daar kan komen.

Geen engel, geen god, geen demon, geen mens,

Geen dier??

Ik ben levend geweest en dood en levend–dood.

Alles heb ik doorstaan.

Ik ben erdoorheen gegaan tot op dit punt.

Naamloosheid.

Vrijheid is er voor mij nu.

Loskomen van de vele identiteiten die een levend en een dood wezen kent.

Door benoemd en genoemd te worden kunnen mensen met je spelen.

Ook in de spirituele wereld kunnen ze met jouw namen spelen.

Ze hebben macht over je.

Zelfs dat, ja.

Namen hebben macht.

Namen geven macht.

In de wereld van de magie hebben namen en identiteiten macht en ze geven macht.

Ik heb alles doorleefd wat ik tot nu toe kan doorleven en het heeft me gebracht op dit punt.

Op dit nulpunt.

Nul.

Zero.

Alles en niets.

Naamloos.

Ik ben een slangenkuil ontstegen.

Ik was gebonden aan geliefden, vrienden

en zelfs aan vijanden en andere kwaadwillende wezens.

Op hoog niveau werd ik gemanipuleerd.

Op hoog geestelijk en spiritueel niveau.

Namen geven macht.

Ook zielennamen.

Hogere wezens kunnen je misleiden.

Met jouw naam.

De naam die de lading schijnbaar dekt.

Ik dacht dat namen en identiteiten van levensbelang waren.

Nu mag ik erachter komen dat zij ook aanleiding geven tot
manipulatie.

Geliefden en vijanden.

Goedwillenden en kwaadwillenden.

Of zij dit nu bewust doen of onbewust maakt niet uit.

Jij wordt gemanipuleerd.

Jouw namen en identiteiten worden misbruikt in deze wereld.

Overstijg dan dit wrede spel.

Want dit is vette shit.
Dit is deep shit.

Ontsnap uit deze gevangenis van identiteiten en namen.

Ontstijg deze schijngevangenis.

Het is schijn.

Is dit de sluier van Maya??

Is het dat?

Dat wat met jou speelt en jou beweegt zijn de woorden en de namen en de identiteiten.

Identiteit is manipuleerbaar.

Hou je dus niet vast aan namen en woorden en identiteiten.

Die zijn zo gevaarlijk.

Je zogenaamde identiteit is gevormd door dat wat buiten jou is.

Ze wordt zelfs mede gevormd door de geestelijke en de spirituele wereld.

Misschien zijn er meerdere realiteiten waar ze namen geven en woorden.

Alles is wat het is.

De natuur is wat ze is.

De feiten liegen er niet om.

De woorden liegen.
Vertellen jou kwade en zoete leugens.

Ontstijg de woorden en de namen en de identiteiten.

Dat is jouw geheime doel.

Dat is de oplossing lijkt het wel.

Voorlopig wel.

Naamloos zijn.

Noem me zoals je wilt.

Ik heb geen naam.

Ik val niet te beschrijven.

Je kunt mij niet meer pakken.

Je kunt mij niets meer ontnemen.

Woorden, namen, betekenissen, identiteiten zijn
schijngevangenissen.

Zij binden jou.

Zij geven en zij nemen.

Zij hebben macht over jou.

Zogenaamd dan.

Het is slechts schijn.

Ontstijg deze schijnvertoning en word dat wat je moet
worden.

Naamloos.

Woordloos.

Betekenisloos.

Identiteitsloos.

Niets zal je nog aanraken.

Niets zal jou nog manipuleren of leiden.

Niets zal jou nog weerhouden.

Hier valt niet meer over te schrijven of te praten.

Niemandsland

Een vrije zone.

Je bent ontsnapt zou je kunnen zeggen.

Of positief gezegd:

Je bent ontstegen

Je zit nergens meer aan vast.

De grote illusie is weg.
Jij hoeft niet meer te lijden aan Maya die jou pijn doet of
jou reden geeft tot droefheid of blijheid.

Niet meer.

Ja, enkel rust en kalmte.

Verder niets.

Waar niets is, zijn geen namen meer.

Nu is het duidelijk.

Je was een gevangene van naamgevende wezens.

Nu ben je vrij.

Nu kun je zonder angst je begeven in elk gebied waar in de
werelden dan ook.

Je kunt in de hemelen verkeren of op de zwarte aarde.

Je mag rondlopen in de helleregionen.

Niemand zal jou nog lastig vallen.

Niets zal jou nog kunnen lokken en paaien.

Er is geen reden meer om jou lastig te vallen met wat dan
ook.

Jij bent een tovenaar.

Dat is jouw aard.

Het is slechts een naam.
Pin je daar niet op vast.

Toch hoort dit bij je.

Jij bent een loner.

Een eenling.

Een waar individu.

Jij gelooft niet meer in de spirituele leugens die op jou
afgevuurd worden of die jou in banen proberen te leiden.

Een voor mij grote leugen is dat je geen spatje
afgescheidenheid mag voelen als mens of als geestelijk wezen.

Je moet je verbonden voelen met de gehele mensheid wat
ik absoluut niet voel.

Ik voel de natuur om mij heen en door mij heen.

De natuur van alles wat is.

Ik ben een kind van de aarde.

Kind van de hemelen.

Misschien kind van de hel.

Ik ben geweest waar ik ben geweest.

Ik ben een tovenaar.

Zo ben ik genoemd.

Ik durf het te zeggen voor mezelf.

Zelfs dat kan ik loslaten.

Ik maak me los van het illusoire.

De nepwereld die jou buigt en jou vormt tot je barst.

Tot je de vernieling in loopt.

Dat is goed voor mij geweest.

Ik heb geleerd en ik heb geaccepteerd.

Het geheim van de acceptatie van alles wat is,

Is dat je steeds dieper komt in de realiteit of wat dat
allemaal ook is.

De realiteit houdt van mij.

Dat voel ik.

Ik mag in haar doordringen tot op het bot.

Ik mag in de realiteit wegzinken.

Ik mag haar dienaar worden en zijn.

Ik ben haar kind.

Ik ben de onschuld en de vermoorde onschuld.

Ik ben de gezegende en de vervloekte.

Ik ben de schone en de smerige.

Ik ben zwart en ik ben wit.
Ik ben een engel en een demon.

Ik ben levend en ik ben dood.

Alles ben ik en ervaar ik en alles doordringt mij.

Ik doorleef alles wat is.

Alles wat ik mag zijn.

En dat is veel merk ik.

De realiteit is de bron van een oneindig aantal
transformaties.

De realiteit verveelt nooit.

Alles voel ik.

Alles ben ik en doorleef ik.

Dat is wat ik doe.

Ik ben een *realiteit reiziger*

Dat ben ik en zal ik zijn.

Ik ga waar ik heen ga.

Ik ben vrij om te gaan waar ik moet gaan of zelfs waar ik
wil gaan.

Dit is voor mij de meest ultieme vrijheid.

Ik was eerst bang voor die vrijheid

Of voor dit grootse besef.
Nu ben ik blij en dankbaar dat ik ben zoals ik ben.

Ik ga dieper en ik ga dieper.

Daar heb ik altijd al naar verlangd.

Zo diep mogelijk kennen en voelen en weten en ervaren.

Dat wilde ik altijd al en dat mag ik nu doen.

Mijn diepste wensen gaan in vervulling.

Ik laat het overbekende en vertrouwde achter me en ik
betreed plekken waar ik nog nooit ben geweest.

Ik loop en ik leid mezelf naar nieuwe levensgebieden.

Ik ben echt vrij om te gaan waar ik wil gaan.

Ik wil.

Nu ik volstrekt bandeloos ben.

Bandeloos zijn = ongebonden door woord en namen

Ongebonden door wat genoemd wordt.

Ik ben ontbonden.

Ik ben bevrijd.

Net als Neo in The Matrix.
Die werd opgeslokt door het virus en erdoor overwonnen.
Hij nam het virus in zijn gehele wezen op en werd het
virus.

Zo leerde hij het virus kennen van binnenuit.

En omdat hij het wezen van het virus aan den lijve leerde
kennen kon hij het onschadelijk maken.

Hij werd er immuun voor.

Zo overwon Neo het virus.

Zo overwon Neo The Matrix.

Ik heb de hemel gevreten en de hel en de aarde.

Ik ben gegeten door de werelden en ik werd deze
werelden.

Ik ontsteeg hen.

Met de hemel en de hel en de aarde in mijn maag

steeg ik op naar een plek die ik nog niet eerder had
bezocht.

Een plek of misschien wel geen plek.

Waar geen naam wordt genoemd.

Een veilige haven voor het wezen dat moe is genoemd te worden.

Het gebonden wezen is hier vrij.

Het zogenaamd gebonden wezen ziet eindelijk in dat namen en de woorden een schijngevangenis waren en zijn.
Zo doorleeft het wezen zijn banden in de hemel, de hel en op aarde.

Hij doorleeft ze en verwerkt ze en hij laat ze los zoals hij alles loslaat als hij het verwerkt heeft.

Het wezen dat gebonden was is nu vrij en krijgt een innerlijke gezondheid

die super genoemd mag worden.

Een gezondheid die niet in te tomen is.

Het wezen is vrij.

Nu het wezen vrij is en in een voortdurende staat van innerlijke rust verkeert, kan het ademhalen

zoals het nog nooit heeft kunnen doen.

De vele woorden die hem bonden verdwijnen als sneeuw voor de zon.

De schijn is wat hij is.

Slechts schijn.

Hij is het goede en het kwade.

Hij wil binden.

Dat is zijn aard.

De schijn heeft echter alleen kracht op wezens die nog
leven in een woordenwereld.

Voor het vrije wezen of hoe we dat ook mogen noemen
ontstaat er een vrijheid die haar weerga niet kent.

In de hemel niet.

Op aarde niet en ook niet in de hel.

Nergens is zo'n vrijheid als voor het wezen dat bevrijd is
van haar illusies.

De dankbaarheid die het wezen voelt is onbegrensd.

Een leven lang gebonden zijn is niet niks.

Gebonden door woorden en namen.

Gebonden door een woordelijke identiteit.

Want onder al die namen en die woorden ligt dat wat jij
waarlijk bent.

Naamloos.

Dat is een gift van de natuur.

De gift van de mensen, de demonen en de engelen zijn de namen die je ontvangt en die jou binden

en jou leiden.

De gift van de natuur is dat je geen naam meer hoeft te dragen.

Jij bent wat je bent en wie je bent en meer niet.

Als je op dit punt komt,

als je alles doorleefd hebt,
mag je de geheimen van de natuur ontsluieren.

Jij, bewaarder van geheimen.

Jij, die altijd al geheimen wilde bewaren.

Jij bent zelf een geheimenis.

Het grote geheimenis van de bevrijding van een mens, een engel of een demon.

Het geheim van de naamloosheid der dingen.

De naamloosheid als het ware wezen van de mens.

In de wereld die door de schijn geregeerd wordt, wordt de ontdekking van het meest geheime

geheimenis tegengewerkt.

De wereld van de woorden en de namen is in een
oneindige strijd verwikkeld.

Kerken, sekten, spirituele groepen en wetenschappers en
andere woordwezens en identiteiten

strijden om wat men waarheid noemt.

Zij strijden.

Zo is er ook een strijd in mij gaande, aan de oppervlakte
tussen wat ik ben en wat ik niet ben.

Ik ben daar waar ik gewoon kan zijn of niet zijn.

Het maakt niet meer uit.

Ik ben in een staat van bandeloosheid.

In een ruimte die ik mag betreden.

Hier is waarlijk rust en kalmte.

Er is niets wat mij richting geeft of mij verleidt of
manipuleert of begeleidt.

Het enige wat ik nu nog aanvaard is dat wat ik moet
doorleven en

kennen.

Dat is zelfs van levensbelang.

Ik wil leven en doorleven en ervaren.

Dat wil ik.

Alles wat ik kan en mag doorleven zal ik doorleven.

Alles.

Doorleven, verwerken en loslaten.

Op die manier???

Ik weet het niet.

Ik zit hier in elk geval op een veilige plaats.

Hier is niemand die mij stoort.
Hier niet.

Hier is stilte.

Dat is wat er over blijft.

Van het gepraat, het geklets, het gebabbel, het geraaskal.

Stilte..

Zoals mevrouw H.P. Blavatsky het al beschreef in haar
werk:

'De stem van de stilte'

Deze plek wordt dus al beschreven in de theosofie.

Dit is de stem zonder woorden.

De stem zonder geluid.

Deze leidde mij tot verlossing.

Misschien noemen ze dit nu Nirwana.

Een plek zonder strijd.

Zonder woorden.

Zonder namen.

Daar te zijn.

Op die stille plek.

Ik ben daar.
En niets wat mij nog kan storen.

Ik ben er.

Weg van die woordenstrijd.

Die chronische strijd die nooit ophoudt.

Maya die de aarde beheerst en de hemelen en de hellen.

Maya is de woordenstrijd en de namenstrijd.

Namen, heilige namen.

Het gaat om lucht.

Om niets.

Dat wat niks is.

Gewoon namen en woorden.

Daarvoor maken mensen elkaar kapot.

Voor woorden.

Voor namen.

Dat is het geheim van wat kwaad is en verderfelijk maar
wat ook schoonheid biedt en goedheid.
Het is echter altijd gebondenheid.

Dit is echter allemaal een illusie.

Alles komt voort uit de woorden en de namen.

Oorlog en vrede.

Goed en kwaad.

Ik ben het kind van de hel.

Ik ben het kind van de hemel.

Ik ben het kind van de aarde.

De stilte komt voort uit het verwerken van deze drie
gebieden.

Verwerken.

Het verwerken van woorden en namen uit deze regionen
en wat zij teweegbrengen in mij.

Verwerken en loslaten.

Ten diepste.

Alles wat schijn is loslaten en de leegte betreden die zich opent.

De leegte die de stilte is.

De stilte die rust biedt aan het wezen dat bij haar binnentreedt.

Dit is voor mij ultiem.

Dit is het.

Dat wat zo dichtbij leek was zo ver weg.

Dat wat zo ver weg leek is zo dichtbij.

Ik ben daar waar ik ben.

Het is een feit.

Realiteit.

Dat is het.

En het is niet anders.

Geen woordenbrij meer.

Geen blablabla.

Geen psychologie.

Geen religie.

Geen wetenschappelijke shit.

Geen woorden.

Niets meer van dat.

Ik ben verschoond van woorden en waantekens.

Ik ben achter de woorden.

Ik ben tussen de regels.
Wat is een woord?

Wat is een naam?
In vredesnaam.

Wat?

Niets.

Woorden tegen woorden.

Woorden naast woorden.

Niets tegen niets.

Het maakt kapot.

Het doet lijden.

Het heelt.

Het biedt veiligheid.

Ik weet het.

Ik doorleef het nu.

De naamloosheid.

De verlossing uit de waanwereld van het woord.

Waanwereld.

Weg van daar.

Die woordenwereld.

Die mij invulde,
met dat wat belangrijk leek.

Ik was woord.

Ik was naam.

Nu ben ik….

Ja, wat ben ik nu.

Zonder naam….

Verder niets.

En dat is een begin.

Een goed begin.

Voor iets nieuws.

Een nieuw besef van realiteit.

Van wat realiteit is en kan zijn.

Deze stilte.

Dit zocht ik…

Of niet dan?

Dit…

Wat hieruit zal voortkomen weet ik niet.

Wat ik nog moet doorleven weet ik niet.
Ik vertrouw er echt op dat ik daar zal gaan waar ik mag en
moet gaan.

Waar ik wil gaan.

In vrijheid.

Ik mag nu vanuit die kalmte en ongebondenheid mensen
ontmoeten en andere wezens en

levensvormen.

Dat mag.

Zo zal ik gaan.

Vanuit de stilte.

Vanuit het ongekende.

Het ongenoemde.

Het onbesmette.

Dat wat onder ligt of in het midden of boven.

Ik zal volgen…

De wegen van de stilte.

Ik zal dat zien wat is en wat feit is en geen fictie.

Het ware onderscheiden van het onware.

Maar niet in de woorden en in de namenstrijd die hier en daar heerst.

Nee, ik zal stilte horen waar stilte is en lawaai waar lawaai is.

Lawaai.

Stilte.

Dat is het enige verschil.

Lawaai.

Stilte.

Klank.

Stilte.

Dat wat gebonden is.

Dat wat vrij is.

Lawaai.

Stilte.

Ik zal leren wat ik kan met dit weten.

Met het leven zoals ik dat doorleef.

Wat ik kan zal ik kunnen.

En wat ik kan weten zal ik weten.

Wat ik ben zal ik zijn en wat ik niet ben zal ik niet zijn.

Zo zal ik groeien en bloeien en leren en erkennen en
aanvaarden.
Alles.

Zo zal ik kracht leren kennen en zwakte.

Ik zal deze feiten echter accepteren.

Ik zal de natuurwetten vastleggen.

De innerlijke natuurwetten.

Het innerlijk.

Als ook het uiterlijk.

Het ongekende leren kennen.

Het onbeminde leren beminnen.

Het ongenoemde omarmen.

De paden bewandelen die begroeid zijn en nooit door
enige mensenvoet zijn betreden.

Ik zal ze bewandelen.

Ik zal gaan waar geen mens is geweest.

Waar dat is??

Ik weet het niet maar….
Ik zal het weten.

Vanuit eigen kracht en zwakheid zal ik dat leren kennen
wat ongekend is……
Dat is mijn leven.

Dat is mijn lot.

Ik aanvaard dit.

Deze weg….

Ik accepteer.

Ik omarm.

Ik ben verliefd.

Verliefd op het lot.

Dat mij zulke rijkdommen toebedeeld heeft.

Dat mij alles laat zien van wat het leven kan zijn.

Ik hou van dat wat ik ben en wat ik word.

Alles is goed.

Ik ben goed zo.

Het is een woeste en levendige weg die ik mag gaan.

Een weg vol rozen en doornen.

De creatie van zielen en hun bestemmingen

Terwijl christenen door Jezus Christus in de eindtijd worden gered van de algemene sores die er dan heersen op aarde, volgens hun waarheid, worden de boeddhisten verlicht en gaan zij het Nirwana binnen en bereiken zij ongekende staten van zijn of van niet-zijn. Tegelijkertijd sterven er hier en daar een bosje atheïsten. Ieder van hen heeft een zinvol leven geleid en is nu ook daadwerkelijk dood en niet meer dan dood. Terwijl dit gaande is worden de moslims geroepen tot hun hemelen en een enkele slechte moslim betreedt het smalle pad dat naar zijn hel lijdt. De soefi-gemeenschap vindt verlichting en dit geldt ook voor de theosofen die over koninklijke innerlijke wetenschap beschikken. Zo zullen er zielen zijn die reïncarneren of juist incarneren in hogere vormen van existentie. Alles is mogelijk op dit existentiële vlak. Alle metafysische mogelijkheden zijn aanwezig. Mensen gaan op Aarde hand in hand en komen elkaar na de dood, op een transcendent vlak, niet meer tegen, tenzij zij misschien zielenmaatjes zijn en zij elkaar weer zullen opzoeken in andere werelden en binnen andere dimensies. In sommige paradigma's hebben mensen contact met gestorven medemensen, familie of geliefden. Voor hen geldt weer dat zij hun overleden geliefden weer zullen treffen na het sterven. Ook zijn er zielen die een tijdje lang op Aarde blijven zwerven en dan overgaan in een andere toestand van zijn. Zielen die op Aarde de innerlijke en diepgaande drijfveren hadden om (G)goden/(G)godinnen te worden zullen dit doel weten te verwerkelijken. Zij die geloven in andere mogelijke werelden gaan daar heen waar zij hunkeren te gaan. Zo gaat een ieder naar zijn sfeer. Dit geldt voor mens, dier, plant en voor ons onbegrijpelijke en ongekende aardse entiteiten zoals een elementaal. Alles heeft na de dood een geheel andere bestemming. Niet alle paden leiden naar Rome! Meerdere wegen leiden naar het onbestemde. Het maakt zeker uit of je naar het Walhalla reist of naar de eeuwige jachtvelden. Alle volkeren en mensengroepen hebben gezamenlijk een gedeelde werkelijkheid alsook een individueel te noemen hoger pad. Het individu wordt gemaakt en gecreëerd door de cultuurgroep waartoe hij behoort en in wie hij bestaat. Binnen een bepaalde cultuur zoals die van de Aboriginals hebben de mensen een gedeelde mythologische werkelijkheid en daarbinnen vindt iedere individuele ziel zijn of haar bestemming op een unieke wijze. Een type ziel wordt gecreëerd door iedere tijd en plaats, ieder volk en iedere maatschappijvorm waarbinnen een bepaald hoofdparadigma geldt. De grenzen van de ziel die door de cultuur worden vastgesteld, bepalen tevens de grenzen van de ervaringen van het individu en zijn diepste groei en het zielstreven die hieruit ontstaan worden mede bepaald door de cultuur waar het individu deel van uitmaakt. Er bestaat zo gezien een enorme variatie aan zielen. Indien wij een tijdreis zouden kunnen maken naar een volstrekt andere tijd en plaats binnen de mensengeschiedenis, dan stuitten wij op vele problemen. Dat wij niet leven in het voor die tijd geldende unieke paradigma, is het grootste probleem van een tijdsreis naar een ander volk en andere cultuur in een ander tijdvak van de geschiedenis. Wij zouden volledig geprogrammeerd moeten zijn naar de werkelijkheidsregels van die tijd. Probleem is echter dat wij nooit volgens dat paradigma kunnen denken en voelen. Wij zijn in onze tijd groot geworden en wij dromen en kennen zielswerkelijkheden die alleen binnen ons tijdvak gelden. Andere tijdvakken creëren andere zielen met andere werkelijkheidsbelevingen. Wij, met onze hedendaagse werkelijkheidsbelevingen, kunnen het geen dag uithouden in een voor ons vreemde tijd met culturen die voor ons ongekend zijn. Zielswerkelijkheden zijn dus begrensd door hun tijd, plaats en cultuur. De oude werelden en werkelijkheden vergaan door de tijd heen en laten de overblijfselen van werelden achter die wij eigenlijk niet kunnen kennen. Alleen in musea zien wij de schamele overblijfselen en uit deze restanten proberen wij ons voor te stellen hoe er in andere tijden geleefd, beleefd en gedacht werd. Dit geeft

ons reden tot denken en (dag) dromen waardoor ons voorstellingsvermogen wordt geprikkeld. De stille getuigen van het verleden spreken tot ons en zijn inderdaad nog verbonden met de tijd en de plek waarbinnen zij zijn ontstaan. Dit kunnen wij nu nog aanvoelen.

Woorden en kracht

Woorden hebben kracht.

Woorden zijn magisch.

Woorden zijn betoverend.

Woorden zijn beladen met werkelijkheden.

Kracht is uniek en heeft een unieke bron.

Kracht komt voort uit de machten die rondom ons zijn

op een onbekende manier.

Onverhulde kracht heeft geen naam.

Woorden zijn niet nodig om deze krachten te beschrijven.

Geloof in woorden en in hun kracht.

Woorden veranderen de wereld waarin wij leven.

Wij geloven in woorden en in de verborgen krachten die
zij belichamen.

Woorden worden belichaamd door wezens.

Wezens zijn werkelijkheden.

Werkelijkheden zijn dingen, gebeurtenissen, levend of
niet-levend.

Door woorden geven wij betekenis.

We voelen en weten en zien en horen en ruiken de
werkelijkheid achter ieder woord dat we

begrijpen.

Een taal die ons vreemd is en die wij niet verstaan, is niet
meer dan ijdel rumoer in onze oren. Hij

heeft geen betekenis.

De werkelijkheid die erachter schuilgaat, blijft ons
vreemd.

Deze betekenisloze geluiden hebben geen betovering voor
ons.

Alleen de woorden, geluiden, beelden en symbolen die wij
kennen en hebben geleerd te begrijpen

en te gebruiken geven betekenis aan onze wereld. En ze
stellen ons in staat om contact te maken

met onze medemensen.

Om contact te maken met alles wat er is.

Woorden + werkelijkheid = krachtig

woorden − werkelijkheid = zinloze geluiden

werkelijkheid = betekenisvol, vol van existentie, met de
eindeloze potentie om te zijn.

Wat is de waarde van een naam?

Wat is de waarde van een woord?

Grenzeloze energie.

Grenzeloze potentie.

Dingen die niet bestaan

en zullen bestaan

of

die al bestaande niet bestaan.

Bestaand niet-bestaand.

De peilloze diepte van potentie.

Op de drempel van bestaan? Niet-bestaand

Beelden zullen opkomen en uiteenvallen in een eindeloze
stroom.

Leven/bestaan/voelen/buiten de gebaande paden denken/je
gedachten achter je laten

Het zou een levensdoel kunnen zijn om je deze
vaardigheden eigen te maken.

Energie/gevoelens + beweging + geluid =
Spreken/denken/gevolgtrekken.

Ieder woord is hypothetisch waar.

Hypothetische waarheid + geloof = werkelijkheid
veranderen = nieuwe en andere (betere/correcte)

inzichten opdoen.

Elk woord en elke waarheid staan open voor vragen.

Ze zijn altijd hypothetisch. Het hebben van een gesprek
bestaat uit het zoeken naar de juiste

woorden om de juiste betekenis weer te geven.

Het vergt vele gesprekken om de gepaste woorden te
kunnen vinden om het juiste begrip te creëren (in een stroom)
tussen individuen.

Spreken = de juiste woorden vinden om werkelijk begrip
te creëren.

Contact maken (werkelijk verbinden) bestaat uit het
creëren/vinden van de juiste woorden.

Pas als het juiste niveau van communicatie is bereikt,
begrijpen/voelen mensen elkaar.

Je verbonden voelen = het voelen van de woorden en de
krachten die daarachter/daarin liggen.

De amoebe-methode

Één van de kleinste levensvormen die ik ken betreft een eencellige. Deze wordt een amoebe genoemd.

In het gedrag van dit eencellige organisme heb ik een techniek herkend van mijzelf, zijnde een *realiteit reiziger*. Niet dat ik zijn kunst heb afgekeken, maar ik heb mij in deze minuscule levensvorm herkend. Het uniek te noemen gedrag van mezelf kwam precies overeen met de amoebe. Voornamelijk de manier waarop de amoebe op zijn voedsel jaagt is uniek te noemen mijns inziens. De amoebe jaagt op andere eencellige organismen. Het geniale van de amoebe is dat hij met zijn lichaam/wezen de prooi benadert en omarmt.

Dan verenigt hij zich met zijn prooi en deze lost geheel op in het wezen van de amoebe. Het verteert. Op deze wijze voedt de amoebe zich.

De transcendentale theoretische filosofie omtrent de amoebe die ik omarm is erop gebaseerd dat de amoebe een prooi zoekt om zich ermee te verenigen. Dit met als doel om een andere visie of realiteit te leren kennen. Mijn paradigma dat ik eerder al voorzichtig heb aangedragen in het hoofdstuk getiteld: 'Geheimen'. Dit paradigma spreekt en stelt dat de aardse levensvormen/entiteiten hun ware gezicht en identiteit verbergen en ieder een geheel unieke transcendente hoger wezen kennen en geheel eigen motivaties. Dit paradigma werkt ook bij het simpele wezen van de amoebe. Op biologisch gebied voedt de amoebe zich om in leven te blijven. Deze waarheid wordt door onderzoekers gezien met behulp van een microscoop. De onzichtbare en onmerkbare hogere transcendente roeping van de amoebe zie ik in het gedrag en in het wezen van de amoebe. Behalve leven en overleven heeft een amoebe tijd genoeg om zich te ontwikkelen op existentieel gebied. De amoebe doet aan zelfverwerkelijking. De eencellige evolueert. De amoebe kent zijn waarheid en dat is voor hem niet genoeg! Een amoebe leeft en wil meer. Elke prooi die door een amoebe wordt omvat en die wordt verenigd met de amoebe bevat in wezen een nieuwe voor de amoebe ongekende waarheid of realiteit. De amoebe is een ware *realiteit reiziger*! Iedere eencellige bevat een minuscuul universum. Een zowel miniscule als immense realiteit. De amoebe zoekt en hongert naar nieuwe input in zijn nietige leventje. Nieuwe realiteiten wil hij ervaren en beleven. Een amoebe is een wezen dat zichzelf verwerkelijkt door in intens contact te staan met zichzelf en vanuit een (on) bewuste drang intens contact te zoeken met zijn prooien die hem op een stoffelijk niveau in leven houden, en door op een onzichtbaar en spiritueel te noemen niveau voedsel aan zijn hogere drijfveren te geven. De amoebe heeft op deze manier eindeloze, uiteenlopende dromen en fantasieën en realiteiten die hij kan ervaren. Dit is het meest wezenlijke niveau van de kleinste onder kleinsten. De amoebe droomt en ervaart en beleeft op een intense manier dat wat de prooi hem schenkt. Dit is de diepere motivatie voor het diertje om te existeren. De prooi bevat vanuit dit paradigma bezien eindeloze droomwerelden ofwel realiteiten. Dit is dan ook de hogere existentie van eencelligen. Zij dromen en existeren en zij ervaren werelden en realiteiten in zichzelf. Dit is het vreugdevolle lot van de mini-organismen. Volledig opgaan in realiteiten. En de amoebe leeft van de dromen/ visioenen/ realiteiten van de existentie van zijn prooi.

Een belangrijk aspect van het realiteit reizen betekent voor mij doen zoals de amoebe doet. Op velerlei wijze kom ik met de bronnen in contact die eigen waarheden bevatten ofwel realiteiten. Het kan zijn dat deze realiteiten verscholen liggen in de mensen die ik ontmoet en met wie ik vaak een intense band beleef. Het kunnen ook planten zijn of dieren. Het kunnen elementen zijn en het weer en de natuurlijke fenomenen. Ook boeken herbergen ongekende en onvoorstelbare droom- en fantasierealiteiten. Verzonnen werkelijkheden die dankzij de boeken die ik las in mij tot leven kwamen en waarin ik avonturen beleefde. Soms als held en ook als anti-held. Ik omarm de bron van de realiteit, van de droom en de visioenen, van de waarheid die ik doorkrijg of van de mensen die ik ontmoet. Zo verenig ik mij met een bron en absorbeer ik me met de waarheid van een ander. Een ander en vreemd te noemen paradigma maakt zich meester van mij. Ik onderga de samensmelting van de bron van realiteit en zijn waarheid en ik laat

mij beïnvloeden. Zijn of haar waarheid wordt dan mijn waarheid waarbinnen ik iets geheel nieuws onderga en beleef. Dit is dus tevens het geheim van de amoebe. De amoebe is op deze manier druk bezig met realiteit reizen in zijn zeer boeiend te noemen bestaan. Het lijkt vanuit het perspectief van een opmerkzame buitenstaander wellicht dat ik overdonderd wordt door een ander met een dominante visie en ego. Het lijkt erop dat ik mij een visie of paradigma laat opdringen of aanpraten. Ik stel mij gevoelsmatig op en ik open mijn wezen voor het andere en het onbekende. Voordat ik deze techniek meester was, was ik gevoelsmatig vaak het slachtoffer van mijn reizen. Ik had zeker niet de touwtjes in eigen handen. In mijn jeugd verloor ik mij tijdens de vereniging met andere realiteiten. Ik werd soms dagen lang de andere realiteit. Ik was dan zelf voor een groot gedeelte niet aanwezig. Zo intens waren deze ervaringen van het absorberen en het mij laten meeslepen door vreemde invloeden buiten mij om. Let wel, ik was mij indertijd niet of nauwelijks bewust van wat ik aan het doen was. Voor de buitenwereld (pedagogen, leraren, dominees, doctoren en vele anderen) was ik een uitermate kwetsbaar kind. Bronnen van mijn reizen waren hoofdzakelijk boeken, films en televisieprogramma's. Vooral boeken waren aantrekkelijke realiteitsbronnen die mij overal brachten waar ik zelf niet kon komen. De nuchtere en sceptische mensen onder ons zouden kunnen beweren dat ik vluchtte in boeken en fantasiewerelden. Voor hen gold deze waarheid zeker. Voor mij was het realiteit reizen een manier om de enorme wereld van het mogelijke en het imaginaire te kennen en er mee in contact te staan. Mede dankzij het zien van films en een eindeloze stroom aan televisieprogramma's en boeken heb ik mijn verbeeldingskracht op een passieve wijze gevoed en ook mijn inbeeldingskracht ontwikkelde zich enorm. Dankzij de boeken weet ik wat het is om een tomeloze verbeeldingskracht en inbeeldingskracht te ontwikkelen die geen grenzen kent. Zo leerde ik van spannende en griezelige boeken hoe het is om me in een moordenaar of een duistere en weerzinwekkende psychopaat te verplaatsen. Ook ben ik een kannibaal geweest en ik leerde zijn innerlijke wereld kennen

dankzij een intense roman. Door een boek van de schrijver Richard Adams leerde ik dat konijnen een eigen verborgen wereld hebben die voor mensen niet te begrijpen is. Ik ben door mijn jeugdige reizen overal en nergens geweest. Ik was held en anti-held.

Pas later hebben computergames ook een grote impact op mijn innerlijke leven gehad. Ik beleefde de games en ik werd de hoofdpersonage binnen de gamewerelden. Ik transformeerde mezelf zo tot een fictief wezen en de fictie werd realiteit voor mij. Ik leerde zo dat ik in andermans realiteiten leefde. Eindeloze realiteiten die niet van mij waren en die ik tot de mijne maakte. Ik verzwolg ze. De kern van het realiteit reizen is dan ook gelegen in het fascinerende geheimenis dat fictie overgaat in feit en feit in fictie. Dit op een verregaande wijze en op het meest wezenlijke niveau van een mens. Want wat is het wezen van de mens anders dan dat hij fictie en feit verstrengelt binnen zijn religieuze bewustzijn. De mens is verzonnen en verzint zichzelf. De fictie en de fantasie waren voor mij de sleutel tot de werkelijkheid. Tot de grote boze wereld. De harde realiteit. Feiten die er niet om liegen (als die al bestaan) .

Ik was een zeer jonge *realiteit reiziger* die zich minder op mensen richtte en andere levensvormen. Dat veranderde pas op mijn 28e levensjaar op een late decemberdag. Ik was die dag op de bank een zelfhulpboek aan het lezen waarin een oefening gegeven werd om jezelf te openen en in contact te treden met jouw kern. Deze oefening nam ik in me op en ik werd de realiteit die de oefening teweegbracht. Intens en levensveranderlijk waren de gevolgen. Door deze oefening kwam ik eindelijk tot mijn spirituele kern en ik ontspande gelijktijdig al mijn spieren, van mijn hoofd tot mijn hart. Na een levenslange spanning raakte ik in een staat van volledig ontspanning. Ik ben op de vloer gaan liggen in mijn kamer en ik liet mezelf volledig gaan. Ik ontspande zelfs mijn blaas en ik liet mijn urine lopen. Ik ging in mezelf terug tot de foetustijd. Een essentiële reis was het. Ik was weer mezelf in een foetusstadium waarin ik de werkelijkheid beleefde van dit wezen en zelfs de dromen droomde die een foetus droomt. Ik heb mezelf in deze periode verzorgd vanuit een gespleten verhouding tussen mijn innerlijke ouder en

mijn innerlijke kind. In de beslotenheid van mijn huis bewaakte ik de prille ontwikkeling van mijn babywezen. Pas later begonnen vrienden en familie zich zorgen te maken en daarna ben ik door de hulpverlening van een harmonieuze toestand in disbalans geraakt. Dit allemaal omdat de mensen om mij heen niet begrepen waar ik in zat en wat ik beleefde. Dit is hen dan ook niet te verwijten.

Ik werd opgenomen in een psychiatrisch instituut en ik werd vijf minuten bekeken door een psychiater wiens enige constatering was dat ik me in de wereld van de waan zou bevinden. Hij bombardeerde mij tot een psychoot met als gevolg dat ik antipsychotica kreeg toegediend. Dit was dan ook mijn eerste ervaring met het psychiatrische paradigma dat mensen tracht te vormen en te 'genezen' naar zijn beeld, dat niet mijn beeld is van datgene wat er aan de hand was. Gelukkig was dit paradigma niet volledig dekkend. Het beeld dat de psychiatrie van de mensen heeft kent vele mazen. De mazen geven vrijheden aan die als je ze ontdekt je leven binnen een kliniek menselijk en leefbaar maken. Mijn beeld van de psychiatrie is positief te noemen. Het enige dat haar echt ontbreekt is de voor haar ongekende waarheid achter het individuele menselijke gezicht. Deze wordt niet gekend en herkend. Het kennen en herkennen gaat niet verder dan gedrag en zogenaamde symptomen die opvallen en worden gekaderd vanuit een beperkend psychiatrisch perspectief ofwel realiteit.

Ook de in mijn ogen negatieve realiteit van de psychiatrische leer heb ik geabsorbeerd en beleefd. Ik ben een patiënt geweest. Maar uiteindelijk heb ik mijn eigen waarheid herontdekt en deze is dan ook voor mij de werkelijke bron van realiteit. Voor mij staat boven water dat ik wedergeboren ben in een letterlijke zin van het woord. Ik was een foetus en ik was een ouder die liefdevol en zorgzaam voor het jonge leven zorgde. Dit is de verborgen werkelijkheid achter mijn menselijke gezicht. De wondere wereld is voor de psychiatrie niet toegankelijk. Deze waarheid draag ik dan ook in mijn hart en mijn hele wezen weet van de realiteit van de metamorfose die mijn leven heeft veranderd. Ik weet, en of iemand anders dat niet weet maakt helemaal niet uit. In een wereld van onbegrip zoeken mensen naar houvast en grijpen

alles aan wat hen maar kan helpen. Indien de kerken en de staat niet genoeg duidelijkheid en steun geven dan vluchten de mensen naar de wereld en waarheid van de psychiatrie. Of deze enige waarheid bezit weet ik niet. Dat het werkt is wel algemeen bekend en dat geeft genoeg redenen om problematisch gedrag van onze kinderen en medemensen te laten stigmatiseren door realiteitsbenamingen en stempels die ons gegeven worden door de psychiatrie.

Na in vogelvlucht door mijn verleden te hebben gereisd, gaan we terug naar de amoebe. Dat wonderlijke wezen dat realiteiten opslorpt en beleeft. We gaan terug naar een belangrijke essentie van het realiteit reizen.

De volgende overzichtelijke stappen herken ik in mijzelf en in het wezen van de amoebe:

1: Omarm: Uit jouw wezen groeien tentakels die de vreemde bron van realiteit benaderen en deze omhelzen.

2: Absorbeer deze realiteit volledig. Verenig jezelf met de materie.

3: Wees deze realiteit.

4: Onderga verandering in jezelf.

5: Groei in jouw verbeeldingskracht en invoelend vermogen.

6: Voel wat je voelt.

7: Denk wat je denkt in deze nieuwe toestand van Zijn.

8: Praat erover.

9: Manifesteer wat je bent en ervaart. Belichaam deze waarheid en de visie en realiteit.

10: Leer om te zien vanuit andere ogen.

11: Ervaar en beleef andere werelden en realiteiten.

12: Leef deze realiteit tot deze oplost en een plek krijgt binnen jouw wezen.

13: Behoud de essentie van de beleefde realiteit.

14: Laat gaan. Neem afstand van deze realiteit.

15: Rust uit. Neem een pauze voor een onbepaalde tijd.

16: Zoek naar andere bronnen van realiteit. Dit kunnen zijn: mensen, gebeurtenissen, andere levensvormen, natuur, boeken, websites of televisieprogramma's, etc.

Dit zijn de natuurlijk te noemen specifieke stappen van deze vorm van realiteit reizen. Voor mij gelden deze stappen ook, al zal de realiteit die je absorbeert je iedere keer weer iets anders brengen dan voorheen, dus het kan zijn dat je het iedere keer weer anders aanpakt. Dat deze stappen anders lopen, bijvoorbeeld in een andere volgorde. Het bovenstaande is alleen uit ervaringen uit de eerste hand opgetekend. Als jij ontdekt dat je een andere manier ervaart van realiteit reizen dan is dat *jouw* unieke proces. Ik ga nu eerst uit van mijn eigen ervaringsmodel. Indien je van stap 1 tot stap 16 hebt gereisd, begint het proces weer helemaal opnieuw. Het ene verschil is dat je het proces van stappen weer helemaal doormaakt binnen een nieuwe realiteit die je nog niet kent. De stappen vormen gezamenlijk een herhalende cyclus.

Zo vormen ze samen een spel van eb en vloed. Een spel der elementen binnen in jou. Op deze wijze kun je je bewust worden van hoe jij het reizen ondergaat en ervaart. Dit als een stroom die een ritme en een patroon kent en zich herhaalt en die toch iedere keer weer een andere uitwerking heeft. Iedere ervaring en beleving in steeds weer een andere realiteit brengt je ergens waar je nog niet eerder bent geweest. Dit klinkt avontuurlijk en dat is het volgens mij ook. Realiteit reizen is een levenslang avontuur. Indien je jezelf bewust wordt van het intense existentiële spel dat realiteit reizen heet, dan zul je gemotiveerd kunnen worden en uitgedaagd. Je zult de kracht en de positiviteit vinden om iedere keer weer een andere vorm van realiteit te leren kennen en te ervaren. Nooit meer hoef jij de handdoek in de ring te gooien! Tenzij, tenzij jij reist naar plaatsen die je binnen dit mensenleven niet kunt bereiken. Dan zul je intense keuzes moeten maken en ook de gevolgen van je keuzes zullen levensgroot zijn. Indien jij ervoor kiest om te reizen door de poort die dood wordt genoemd zul je ogenschijnlijk de aardse sferen verlaten. Of de amoebe-methode dan nog geldt, is onbekend.

Word een alien

De ontmoeting tussen mij en de ander is in essentie een ontmoeting tussen mij en dat wat buiten mij is.

De ontmoeting tussen mij en de ander noem ik een ontmoeting van het Alien-achtige.

Ik ben vertrouwd met mijzelf, en de ander, de Alien, is in deze situatie het vreemde en het oneigene waarmee ik contact tracht te krijgen.

Eerst is er dus de ontmoeting en binnen deze ontmoeting gebeurt er iets

Dit is dan het proces van het amoebe–achtige omhelzen van de ander (lees eerst het hoofdstuk getiteld: 'De amoebe methode').

Het omhelzen en aanvaarden van de vreemde alienachtige waarheid van de ander.

Omhels de alien-existentie.

Buiten jou zijn de anderen.

Ik noem hen de aliens.

Er is veel onbekend in de existentie van de anderen en de ander.

Open je hart en je wezen voor de ander.

Voel de connectie.

Voel het groeiende begrip.

Begrijpen behelst een proces van verbinden.

Verbinden met het vreemde en onkenbare.
Neem dit proces serieus.

Zie de onkenbare waarheid van de ander.

Zie, voel, luister, verneem

begrijp.

Het absurde.

Het onwaarschijnlijke.

Dit is echter de waarheid van

de ander

en (nog) niet die van jou.

Begrijp de innerlijke wereld van de alien.

Absorbeer de alien-waarheid.

Word de alien.

Word de ander.

Deze ervaring is te vreemd voor woorden.

Jij bent niet wie je bent.

Jij bent de ander.

Jij ervaart de ander.

Luister.
Level naar een andere staat van zijn.

Absorbeer deze vreemde entiteit.

Absorbeer de innerlijke wereld van de alien.

Wees de alien-waarheid.

en begrijp.

De aliens zijn onder ons.

Voel het onbekende en ongekende.

Voel een andere waarheid.

Vreemd..

Het voelt aan als een leugen,

maar het is een andere waarheid.

Een voor mij vreemde realiteit.

Probeer deze realiteit te voelen achter en door de (on)
gesproken woorden/signalen heen.

Probeer te voelen achter de levende manifestatie.

Probeer..

Als *realiteit reiziger* los je existentiële puzzels op.

Levensgrote raadsels.

Speurend naar hints.

Ontdekker van het grotere plaatje.

Het zien van waarheid.

Het voelen en het proeven van waarheid buiten mij om.

Het ontdekken van het onbekende en ongekende.

Luisterend naar de ander

leer de essentie te voelen van de ander en zijn of haar
situatie.

Voel de essentie binnen een gegeven context.

Raak de levendige visie aan met je blote handen.

Raak aan en voel het hart van de ander pulseren

en kloppen.

Raak aan en voel..

Begrijpen en invoelen en aanvoelen met

je hele verstand,

je hele hart

en met je ziel.

Je ganse wezen.

Dit is de essentie van contact.
Contact is hetzelfde als elkaar leren kennen.

Om echt te kennen.

Om echt te zien.

Om uiteindelijk deze kennis en energie van de alien

in jouw wezen te integreren.

Om de ander te integreren.

Als jij dit in praktijk leert te brengen,
zul je ook nooit alleen zijn.

Leer te geloven

dat er anderen zijn.

Leer te geloven dat alles mogelijk is.

Leer om out of the box te zijn.

Dit te weten is echt out of the box te denken en te voelen
en te leven en te ervaren.

Op deze wijze zul je uiteindelijk dat begrijpen en weten
wat je je nu nog niet kunt voorstellen.

Je zult de alien ontmoeten en doorgronden.

Je zult alles begrijpen.

Alles zal duidelijk worden.
De stukjes van een buitenaardse of wellicht binnenaardse
puzzel zullen op hun plek vallen.

Je bent omringd door het alomvattende onbekende en
ongekende.

Jij bent omringd door wat vreemd is.

Jij bent omringd door aliens in de waarachtige zin van het
begrip.

Ontmoet het onbekende

en word het onbekende.

Word de onbekende

en leer

en groei

in begrip en innerlijke wetenschap.

Groei, evolueer,

verander,

word

en erken

wat jij ook bent

voor de ander.

Een

alien.

Bewustzijn

Frisse wind
van het zijn.

Ik wil mij volledig openstellen
voor dat wat is.

Dit bewerkstelligt uitwissing van beperkte Ideeën
en aannames.

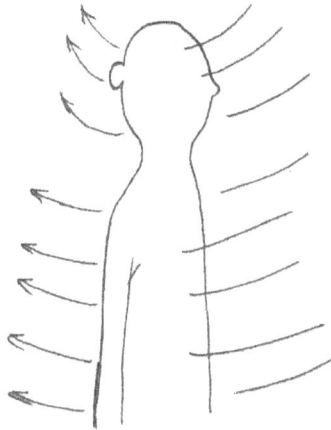

Alle kanalen open !

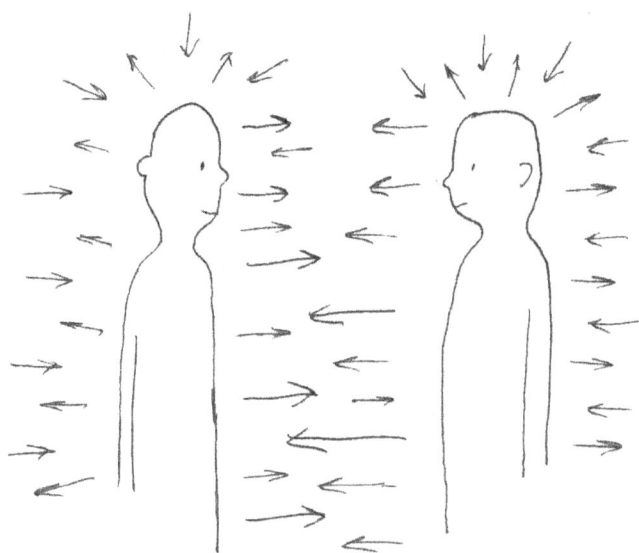

Het grote alomvattende onbewuste
doordrenkt ons zijn
en het zijn om ons heen.

Ondeelbaar.

Als één zijn.

Het zijn.

Bewustzijn als daad /
Actie (actief)

Wij hebben geen bewustzijn.
Wij zijn ons bewust.
Ik ben mij bewust van...
Bewustzijn als
contact hebben met...

Contact hebben met...
is je concentreren op...
Bewustzijn als werkwoord.
Een stroompje gerichte focus =
bewustzijn.

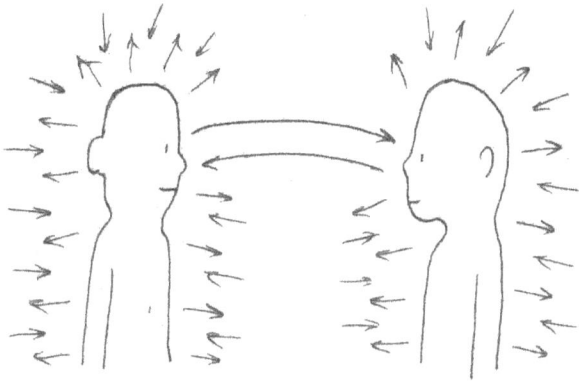

Bewustzijn als een merkbare
wederkerende invloed op elkaar hebben.
Bewustzijn als zijnde
opmerkzaamheid.

Ik ruik jou.
Ik zie jou.
Ik hoor jou.
Ik voel jou.

Bewustzijn = gerichtheid.

Je richten op iets of iemand.

Je kunt niet heen om de wisselwerking der dingen.

De krachten der dingen.

De invloeden.

Beste *realiteit reiziger*

Dit is een zaak van leven en dood.

Dit is het pure, ongetemde leven.

Vertrouw op je ontwikkelde instincten: op je intuïtie, je hart

en je geest.

Je hebt zoveel zintuigen.

Het merendeel van de tijd heb je geen besef van de meeste van je tentakels/

verbindingen met de werkelijkheid.

Maar nu moet je voelen, moet je bewust worden, moet je handelen.

Dit is het moment om je ongekende invloed aan te wenden in deze unieke situatie.

Denk/voel/zie/hoor/proef, gebruik je hele zelf.

Vertrouw op jezelf in dit proces.

Vertrouw.

Jij vormt de kern van dit moment.

Jij.

Niemand anders kan zeggen wat jij zegt.

Er is geen psychiater of psycholoog die je kan vertellen
wat te doen.
Je staat er alleen voor nu.

Je ontmoet wezens en zult moeten aanvoelen en beslissen
wat je tegen hen kunt zeggen en wat je

kunt doen.

Jij bent de *realiteit reiziger*.

Je zult moeten leren en uiteindelijk moeten groeien.

Door ervaring.

Afgaande op situaties.

Op gebeurtenissen.

Door te leven en door te bestaan.

Je reist van droombeeld naar droombeeld. Van
werkelijkheid naar werkelijkheid. Van paradigma naar
paradigma.

Een avonturier zijn betekent verguld zijn met iedere
onbekende ervaring.

Unieke wezens ontmoeten.

Hen in je opnemen en leren.

Hen in je opnemen en kennen.

Hun diepere werkelijkheid begrijpen.

En zelfs, nog dieper, hun kern begrijpen.

Hun bron.

Weet hebben van andere universa.

Van andere werelden.

Reizen naar oneindige dimensies.

Dit is het moment.

Om het vermogen te hebben door geesten en harten te reizen.

Dit is opwindend.

Dit is de ultieme queeste.

Dit is verbinden.

Dit is de essentie.

Wandelende werelden

Er wandelt een vrouw door de stad. Zij komt een man tegen met wie zij een praatje maakt. Dit zien wij als toeschouwer gebeuren. Wat deze man en vrouw beleven diep van binnen, weten wij niet.

Wij zien de buitenkant en hun gedrag. Aan hun lichaamstaal zien we veel van wat er speelt, maar er is meer.

Ongezien blijft het feit dat op een dieper niveau de man leeft in de wetenschap dat er een God is en dat Jezus bestaat en dat er engelen zijn en demonen.

De vrouw daarentegen heeft op een dieper niveau contact met de elementalen, elfjes en gnomen en feeën en andere sprookjesachtige natuurwezens.

De man en de vrouw groeten elkaar en ieder gaat zijns weegs.

Even later praat de vrouw met haar buurvrouw over koetjes en kalfjes. Op een dieper niveau leeft de buurvrouw in de wetenschap dat zij ontvoerd is door aliens en dat zij contact heeft met hen.

Waarde *realiteit reiziger*, wat zegt dit verhaaltje jou?

Wat maakt het in je los?

Denk hierbij aan de mogelijke onderstaande begrippen.

(Belevingen, betekenissen, ervaringen, interpretatiewerkelijkheden, zielswerkelijkheden, alternatieve realiteiten, etc)

Woorden en kracht II

Symbolen, beelden, namen, woorden, + gebeurtenissen,
personen (mensen, dieren, andere wezens)

= leefervaring/contact/genegenheid/chemie

+ geeft betekenis aan lege tekens en geluiden

= biedt kennis (over de Werkelijkheid)

Woorden zijn slechts woorden.

Nee !!

Achter ieder woord schuilt de

Werkelijkheid.

Lach erom.

Steek er de draak mee.

Speculeer erover.

Of

neem deze woorden serieus.

Woorden zijn portalen

naar grotere visies op

en interpretaties van

de werkelijkheid.

Het zijn daarom ook portalen
naar alternatieve werkelijkheden

of naar de werkelijkheid zoals die is en zou kunnen zijn.

Woorden, symbolen en gesproken taal

en beelden en geluiden
hebben betekenis.

Vele woorden.

Vele waarheden.

Vele visies

Vele aspecten van hetzelfde?

Wat is de waarde van een naam?

Een naam is alles waard.

Een naam of een woord krijgt gewicht wanneer het
gebruikt wordt in een kader.

Enkel namen die verbonden zijn aan een kader hebben
betekenis.

En dat geldt ook voor woorden.

Een kader aan een woord of naam verbinden

is het geven van substantie/betekenis aan dat woord of die
naam.

Woorden/namen zijn beladen met werkelijkheid.
Ze zijn beladen met waarachtige
wezens/dingen/gebeurtenissen/etc.

Voorbeeld:

Een tafel is een gebeurtenis.

De tafel is een leefervaring.

Om te beginnen is er het ding dat we tafel noemen,

dan is er het woord dat we verbinden aan de gebeurtenis

die we ervaren en tafel noemen.

Wanneer we het woord tafel zeggen, kennen we de
ervaring

van werkelijkheid die achter dit woord schuilt.

Het abstracte woord tafel

krijgt substantie door onze ervaringen

van de werkelijkheid.

Achter het eenvoudige woord tafel

schuilt een verborgen wereld van rijke ervaringen.

Zonder leefervaring

is tafel niet meer dan een woord.

Een abstractie.

In de eerste plaats
is er de naakte ervaring

van deze wereld c.q. werkelijkheid.

Dit is de naamloze en woordeloze ervaring van de
werkelijkheid.

Dan leren we om een naam te geven aan de ervaringen die
we hebben met alles wat we tot onze beschikking hebben.

We noemen deze: tafel, stoel, jongen, meisje, buurman,
hond, tapijt, huis, auto, etc.

Dit zijn levende woorden, omdat we om te beginnen de
werkelijkheid achter deze woorden en namen moeten ervaren.

Ik zeg dus eigenlijk:

Woorden/namen zijn werkelijkheden of aspecten van de
werkelijkheid.

Eerst zien en voelen en betasten we door leefervaringen de
wereld/gebieden waarin we leven en bestaan.

Woorden/namen (werkelijkheden) bieden oneindig veel
mogelijkheden om ze te combineren en de andere onbekende
werkelijkheden te creëren die we soms fantasieën noemen.

Als je het woord tafel uitspreekt,

is dat op basis van een andere ervaring dan die een ander
persoon daarmee heeft

en ervaar je dus ook een andere betekenis van dat woord.

Een enkele mens omvat

een ongekend aantal ervaringen

en daarom zijn er woorden nodig om deze ervaringen te benoemen.

Dit is noodzakelijk om de woorden/namen voor ervaringen met anderen te kunnen delen.
Elk mens heeft eigen, specifieke

ervaringen met dezelfde woorden/namen.

Achter elke naam en ieder woord schuilt in feite een gecompliceerde wereld van ervaringen.

Binnen in ons,

mensen, bestaan er

oneindig veel werelden.

De meeste hiervan kennen we niet.

Hebben we nog niet ontdekt.

Het proces van benoemen

is een magische ervaring.

Een mystieke ervaring.

Ken Uzelf.

Dit lijkt een onmogelijke opgave
voor een enkel mens in slechts een enkel leven.

Je zelve kennen

is de ware potentie

zien

van jezelf.

Of jouw zelven.

Weten dat je oneindig veel werelden omvat.

Oneindig,

het is allemaal te groot om te bevatten.

Wij zijn dromende Goden of goden en godinnen of
Godinnen.

Ik denk dat zelfs God niet weet hoe groot zijn eigen
potentie is.

Hij kent de oneindige werelden niet

die hij schept met iedere ademteug die hij neemt.

Eindeloze universa.

We ervaren beperkingen

maar ook mogelijkheden.

Ik houd ervan om

een dromende God/god te zijn.
Ik droom van de eindeloze mogelijkheden die in mij
sluimeren.
Eindeloos

is mijn diepste wezen.

Misschien is het beangstigend of verontrustend
hoe ik ben.

Ik beschouw en bejegen de eeuwigheid

vanuit het tijdloze, het ruimteloze

en het materieloze.

Met mijn persoonlijkheid/Ego

bezie ik de vele/eindeloze

mogelijkheden/werelden/werkelijkheden

in mij.

Word je wel eens duizelig

als je in een donkere nacht naar alle sterren kijkt

in het oneindige heelal?

Nou, ik word duizelig

als ik kijk

naar het middelpunt

van mijn bestaan.
Ik ben ook

een oneindig heelal.

Zeg het.
Durf jij het te zeggen?

Te benoemen?

Te weten?

Te voelen?

Te ervaren?

Zeg de woorden:

Ik ben

oneindig.

Voel de adembenemende waarheid

achter deze woorden.

8

∞

Ik omvat

een oneindig aantal ervaringen.

Eindeloze alternatieve werkelijkheden.

Een eindeloos vermogen om te zijn.

Wees wat je hart wilt dat je bent.

Probeer te luisteren naar je eindeloze verlangens,
je eindeloze behoeften.

Durf je jezelf werkelijk te kennen?

Durf je

een kleiner deel van jezelf

te voelen en te kennen?

Er is zoveel om voor te leven.

Zoveel.

Leven betekent ontdekken.

Het ontdekken van de wereld in jou.

Die hele wijde wereld

sluimert

in jouw

diepste kern.

Mythische NLP

Bepaal je lot

op een mythisch niveau.

Creëer een kaart van je

droomreizen.

Kies welk wezen

je zult ontmoeten.

Je zult dit zelf doen

door je krachten en je soevereiniteit aan te wenden.

Wanneer deze aspecten voldoende ontwikkeld zijn

in de kern van je wezen

kun je voortgaan met de stappen die gezet kunnen worden.

Bepaal welke werelden

je zult bezoeken.

Welke dimensies.

Het hiernamaals

is een plek

van (her) wording,

en van vele andere staten van zijn
die denkbaar zijn of ondenkbaar.

De mogelijkheden zijn

onbeperkt.

Laat je verbeelding

de vrije loop

en stel je voor

wat je zult doen

in het hiernamaals.

Wat je zult worden.

Welke wezens je zult ontmoeten

en naar welke dimensies je zult gaan.

Welke planeten.

Welke gebieden en

welke werelden je

zult aandoen.

Stel je dit voor

en

nog veel meer...
Je zult een mythisch avontuur beleven.

Het zal je stoutste dromen

en je wildste fantasieën overtreffen.

Dit is het werkelijke hiernamaals!

Er wacht een oneindig aantal

wordingen op je.

Oneindig veel plaatsen om naar toe te gaan.

Tijd is hier niet van belang.

Ruimte en materie

zullen voor enkele beperkingen zorgen

of misschien ook helemaal niet.

Het einde van je aardse bestaan

(de dood)

zal het begin vormen van nieuwe avonturen.

Je zult je

mooie en kostbare menselijke gedaante

achter je laten en

transformeren tot iets geheel anders.
Iets dat je

Diep van binnen

altijd al hebt willen zijn.

Je hart,

Je visie,

Je verbeelding,

Je gedachten,

Je gevoelens,

zullen je

naar onbekende landen voeren.

Onbekende regionen van

het bestaan.

Daar zul je nieuwe bestemmingen vervullen.

Nieuwe aspiraties ontdekken.

Nieuwe vragen zullen

omhoog borrelen in je bewustzijn.

Je zult gaan

waarheen je ook maar wilt gaan.
Je hart is je kompas.

In dit leven of in het

leven na dit leven

ben je wakker,

of slaap en droom je.

In het hiernamaals

ben je wakker in een dromerige werkelijkheid.

Dit zal voortaan je nieuwe bestaan zijn.

Te reizen door dromen

en dimensies.

Te gaan waar niemand gaat

behalve

jijzelf.

Leven in het hiernamaals is niet eng.

Het is niet hetzelfde als dromen

of nachtmerries hebben.

Dromend in het hiernamaals

behoud je de controle
net zoals je dat deed in je menselijke gedaante.

Je leeft en ervaart

vanuit je intuïtie/verbeelding/hart/geest.

Je kunt denken en voelen.

Je kunt waarnemen

en je kunt handelen

en communiceren.

Wees niet bang om

daarnaartoe te gaan.

Het hiernamaals is niets

om bang voor te zijn!

Je ervaart het

en je leert ervan.

Bereid je dus voor

op de reis en

wees klaar om over de drempel te stappen

van je prachtige mensenleven

naar iets volkomen
anders.

Het is een heel natuurlijk

proces.

Van hier

naar daar

te gaan.

Je in een nieuw bestaan te bevinden.

Er is alle 'tijd'

die je nodig hebt

om je intense transformatie

te ondergaan.

Ik wens je veel geluk

en zeg je vaarwel.

Ga met liefde.

Volg je hart.

Alles

komt

goed.
Geloof

dat.

Het

is

waar.

(open einde)

Geachte *realiteit reiziger*

Dit is de ultieme openbaring.

De laatste waarheid die je ooit zult weten.

Als je bereid bent om dit te openen.

Als je bereid bent om dit te lezen.

…

Hier is het waar de

werkelijkheid

wordt gecreëerd.

Deze fundamentele laag zal je

door alle niveaus van het bestaan voeren.

Maak je keuze op het juiste

moment.

Als je er nog niet klaar voor bent

om verder te lezen, wees dan geduldig.

Misschien zul je er de volgende keer klaar voor zijn.

Een nieuwe dag, een nieuw uur zal op je wachten.

De openbaring wacht op je, geduldig.
Want het moment zal komen.

Wees niet bang dat je het zult missen.

Het kan niet gemist worden.

Dus wees voorbereid.

Wees geduldig.

Het zal allemaal duidelijk worden

zodra je het gesloten deel opent.

Zodra je voelt

dat het moment daar is.

Dan, en alleen dan

…

Als je dit deel van het boek leest,

zul je in aanraking komen

met de laatste en diepste laag

van wat hier gebeurt.

Waarom je leeft.

Wat is de zin van het bestaan?

Wat is er zo belangrijk?

Het is aan jou om dit te lezen.

Of niet.

Dus zeg ik nogmaals:

Als je er nog niet klaar voor bent om dit schrijven te
aanschouwen,

laat het dan dicht en ongelezen.

En laat anders de woorden in je vloeien.

Wellicht ervaar je dan

de fundamentele onderlaag.

De eerste van alle lagen.

Alleen op het juiste moment

moet je dit openen en lezen.

Alleen dan.

Voel, met je hele hart,

of je bereid bent om

de ultieme openbaring te aanvaarden

en je eigen te maken.

De kans bestaat niet

dat je het gesloten deel van het boek zult openen
op een verkeerd ogenblik,

want ik heb vertrouwen in jou

en in de keuze die je hierin maakt.

Je kunt in je diepste zelf vertrouwen.

Als je er klaar voor bent,

zal ik je leiden

door onbekend terrein.

Voor nu

zal ik wachten

totdat jij

je definitieve keuze maakt.

De laatste openbaring

Zielsbeslissing

'One goal,

one price,

it's a kind of magic'

Queen

Op dit punt aangekomen transformeert de *realiteit reiziger* zichzelf tot een magiër en komt hij/zij in aanraking met wonderlijk te noemen krachten en invloedsvelden.

Een zielsbeslissing/intentie.

Deze beslissing of wens wordt gedragen door al de
invloedssferen.

Zij werken samen en maken de in een knooppunt ontstane
beslissing waar (dit op kwantumniveau).

De wens/het vermoeden/het verlangen realiseren.

Komt de wens + het vermoeden + verlangen + intentie
overeen

met het zielenpad, de zielenwil,

de diepstliggende laag,

diepstliggende motivatie,

diepstliggende drijfveer,

dan wordt in het knooppunt

een nieuw universum geboren

met wetten

die op

kwantumniveau werken

en gecreëerd worden.

Alles staat even stil.

De wens die overeenstemt met wat mogelijk is,

wat reëel kan zijn,

wordt ontvangen

en vervloeit met alle invloedssferen.

De intentie en de wens en het vermoeden van de bewuste
ziel vervloeit met de realiteitssferen en deze vertalen het gevoel
naar hun *zijn* en *worden*.

Zij nemen de noodzakelijke en passende aspecten in zich
op

en zullen samenwerken om de intentie waar te maken.

Het oude universum transformeert

binnen het knooppunt

met als middelpunt en veranderingspunt

de kleine magiër.

Het kwantumniveau van het universum

heeft een subtiele verandering ondergaan.

De invloedssferen nemen de verandering in zich op en
zullen zich zo gedragen dat de intentie van het
transformatiepunt (magiër) wordt waargemaakt.

Wat de gevolgen zijn van het knooppunt weet de magiër
niet.

Loslaten van de intentie en gewoon verder leven is wat hij doet.
Wat er gaat gebeuren is een verrassing voor hem.

De magiër laat het in vertrouwen

aan de invloedssferen over hoe zij gaan werken en wat zij gaan doen.

Dat is aan hen.

Enkel in het knooppunt heeft de magiër invloed en mag hij ervaren hoe hij tot acties en rituelen wordt gedreven die de werkelijkheid zullen beïnvloeden op het subtielste kwantumniveau.

De werkelijkheid wordt zo bezien een keer in de zoveel tijd herschapen of krijgt een nieuwe impuls of richting.

De ganse schepping (d.w.z. de invloedssferen waarmee de magiër een intieme verbinding heeft) doet mee met wat de magiër wenst. Een knooppunt is dus een punt waarop, op een bewust moment, alle invloedssferen zich verenigen, en dan samenkomen in de magiër en waar de verschillende toonaarden van de invloeden zich verenigen en zich samenvoegen naar dat wat ontstaat in het hart van de magiër.

Een knooppunt is een complexe mengeling van de invloeden die door de magiër heen stromen en hem beïnvloeden: dus, de wil en de kracht van de vogels en de bomen en de mensen en de dingen en de muziek en de zon en de maan stemmen zich af op de wil en de kracht van de magiër.

Uit vrije zielenwil werken alle invloedssferen samen met de magiër om iets tot stand te brengen.

Zij worden allen gedreven door ongekende, hogere krachten om samen een kunststuk te volbrengen.

Het kunststuk is een verandering die de invloeden gezamenlijk teweeg willen brengen in de kwantumwerkelijkheid waar zij allen deel van uit maken.

Ieder wezen en iedere invloedssfeer wil binnen het goddelijke plan een bevredigende rol spelen.

Binnen het knooppunt worden de rollen gezocht, bewust gemaakt, en ontstaat er iets nieuws. Het knooppunt biedt een impuls wat de ganse werkelijkheid betreft.

Een knooppunt is eigenlijk een ondeelbaar, tijdloos moment waarin de ganse schepping samenwerkt en overeenstemming bereikt voor een gezamenlijke herziening van wat is en was.

De wereld van de magiër, de wereld van de vogels, de wereld van de bomen, de wereld der dingen, de wereld van de muziek, de invloeden van de zon en van de maan werken samen om alle invloedssferen te verrijken met een nieuw gezamenlijk doel.

Een doel waarbinnen iedereen zijn aandeel kan hebben. Waarin een ieder tot zijn volkomen recht komt.

Ieder speelt zijn rol binnen de werkelijkheid. Ieder bepaalt zijn realiteit.

De wereld van de muziek vindt een hoger transcendent doel welke bevredigend is voor haar.

De wereld van de vogels vindt een hoger transcendent doel welke bevredigend is voor haar.

Hetzelfde geldt voor de werelden van de mensen, de dingen en ook de zon en de maan vinden nieuwe redenen om te zijn en te worden.

Na verloop van tijd ondervindt ieder werkelijkheidsgebied een dringende behoefte aan nieuwe impulsen tot zijn en worden.
Door deze dringende behoefte die iedere invloedssfeer voelt, beweegt alles zich gezamenlijk naar het knooppunt. Het moment waarop de werkelijkheid opnieuw gecreëerd wordt of richting krijgt.

In het knooppunt worden alle sferen geharmonieerd. Elke sfeer ontvangt vanuit dit punt een hogere motivatie en doel en ook een doel en motivatie die hij deelt met andere sferen. Zo bezien heeft iedere invloedssfeer belang bij het veranderen van zijn realiteit.

Alles hangt samen en werkt samen in het knooppunt.

Iedere sfeer heeft zo zijn eigen transcendente belang. Ongekende doelen ontstaan in het knooppunt. De invloedssferen zijn zich bewust van elkaars bestaan. De hogere en transcendente belangen van iedere invloedssfeer blijven verborgen voor de andere invloedssferen en soms zelfs voor zichzelf.

Het enige wat bewust wordt gemaakt binnen het knooppunt is alles wat de invloedssferen moeten weten wat nodig is om te kunnen beseffen. Verder gaat de kennis niet.

Door niet alles te weten kunnen alle invloedssferen vanuit onschuld en onbevangenheid leven en zich richten op de ervaring.

Alle worden zij op het diepste zijnsniveau gedragen door de onbewust geworden hogere en transcendentale doelen en motivaties.

De kwantumwerkelijkheid wordt beïnvloed en essentieel veranderd door alle invloedssferen.
Nieuw elan, nieuwe hogere motivaties, nieuwe richtingen, nieuwe zijnsveranderingen.

Op het diepste niveau lijken alle invloedssferen los van elkaar ieder hun eigen spel te spelen en in hun eigen realiteit *te zijn en te worden*.

Een keer in de tijd bewegen de invloedssferen zich dan naar elkaar toe en voegen ze zich samen om nieuwe redenen te vinden om te spelen.

De schepping speelt,

zou je kunnen zeggen.

Individueel speelt iedere invloedssfeer zijn eigen spel. In het knooppunt vinden alle invloedssferen een nieuwe onzichtbare motivatie tot spel.

Gelijktijdig ontstaat in het knooppunt ook hun gezamenlijke doel en motivatie welke dienen tot samenhang tussen de individueel te noemen spelen.

Zo vermengen de invloedssferen zich met elkaar na de ervaring van het knooppunt en verrijken zij alle andere invloedssferen met hun unieke wezen.

Iedere invloedssfeer speelt zo zijn eigen spel en bestaat volgens een onzichtbare diepe motivatie.

In de schepping is dus iedereen en alles op elkaar afgestemd. De schepping is eigenlijk een oude benaming voor wat we een ware kwantum-werkelijkheid kunnen noemen!

Om duidelijk te maken welke vormen er zijn van bewustwording omtrent een synchroon gebeuren of een mogelijk knooppunt, schets ik

een herkenbare hypothetische ontmoeting in de stad tussen twee mensen.

Jan gaat naar de stad.

Piet gaat naar de stad.

Beide mensen weten niet wat de toekomst hen zal brengen. In de stad komen zij elkaar tegen.

Piet heeft een gevoel bij het zien van Jan.

En Jan voelt iets bij het herkennen van Piet.

Ze groeten elkaar.

Ieder op zijn eigen wijze.

Het feit dat deze mensen elkaar weer eens zien is bijzonder te noemen.

Piet en Jan wonen in dezelfde stad, maar zij zien elkaar niet zo veel.

Dit om voor ons ongekende redenen.

Wij zien deze hypothetische situatie van een afstandje.

Zoals je merkt zijn zij verbaasd en reageren zij vanuit verrassing met de volgende zeer bekende rationalisatie:

Wat toevallig!
Piet en Jan zijn beiden mensen die de feiten en de dingen vanuit hun rationalisaties benaderen en hierdoor misschien wel het genoegen beleven dat je niets kunt weten van het leven en de diepere lagen van hun existentie.

Dit schept een duidelijk inzicht in datgene wat onbegrijpelijk is en lijkt zoals beide heren ook niet in te zien waarom zij elkaar ontmoeten en wat de diepere lagen van deze gebeurtenis zijn.

Jan en Piet zijn zich nergens van bewust en zij ervaren dingen die zij slechts kunnen zien en aftasten vanuit rationalisaties.

Dit levert wel leuke uitspraken op indien zij met elkaar in gesprek zouden zijn.

Mensen die nog onwetend zijn en voor de diepere lagen van de existentie geen oog hebben communiceren al gauw in rationalisaties,
als er iets gebeurt dat verder gaat dan men verwacht.

De oppervlakkige motivaties zijn de heren wel bekend.

De één moet een stofzuiger kopen terwijl de ander een harde schijf zoekt voor de computer die helaas kapot is.

Geen van de mannen weet waarom de ander in de stad loopt en beiden weten misschien wel helemaal niet wat hen echt drijft en doet bewegen van A naar B.

Kleine gebeurtenissen die een lading hebben en beide mannen relativeren ze door hun ontmoeting als toevallig te bestempelen.

Zo zijn er veel gebeurtenissen te labelen met relativerende stickers.

Mochten de emoties en de gevoelens je te veel worden en ben je bang om te bemerken dat het bestaan meerdere zijnslagen kent dan het oppervlakkige kenbare,

weet dan dit,

dat er veel meer is tussen hemel en aarde.

Indien je dit weet kun je het zo gek maken als je zelf wilt.

Indien je je bewust wordt van de ware diepgang van de dingen en van dat wat je overkomt dan kun je voorbijgaan aan de rationalisaties van alledag.

Voor Piet en Jan is er nog een lange weg te gaan indien zij geen kansen krijgen om te groeien in de wetenschap dat er veel meer is dan zij durven te zien.

Tot de tijd dat zij geleerd hebben naar hun ziel te luisteren en contact te maken met wie zij echt zijn zullen wij, toeschouwers, hen volgen in hun blinde uitspraken over de meest diepgaande zaken.

De volgende uitspraken laten zien welke rationalisaties er zoal zijn die mensen gebruiken om met een situatie om te gaan. Iedere situatie staat op zich.

Bang als zij zijn voor het leven dat vanuit haar buik spreekt, bagatelliseren zij de dingen van het bestaan.

Zo zien zij geen waarde en kennen ook geen echte waarde toe aan wat zij ervaren.

Leven vanuit rationalisaties is vanuit een bepaald soort blindheid leven.
Niet durven en kunnen of willen zien.

De volgende oppervlakte/uitspraken van Jan en Piet zijn de meesr voor de hand liggende rationalisaties die er volgens mij zijn.

Luister naar Jan en Piet en neem hen waar in hun gevecht om de wereld te zien als iets wat verdrongen moet worden. Je moet vooral niet weten wat er speelt in jou en om jou heen.

Dit is pas leven met kokervisie.

Niets willen zien en daardoor niets kunnen waarderen.

Ontdek en zie de beide mannen in hun worsteling die alles wat waar is ontkent en onderdrukt.

Zij ontkennen het feit dat er meer is en dat het leven zoveel meer is dan een simpele optelsom kan bieden.

Ze leven alsof het leven een optelsom is van dagelijkse beslommeringen en oppervlakkige sleur.

Luister en huiver als Jan en Piet hun verhaal doen en ons trakteren op meelevende en simpele dooddoeners.

In situatie A Zegt Piet tegen Jan:
'Ik heb een moeilijke jeugd gehad'.
Zegt Jan op een volkomen rationele wijze:
'Gut gut, wat zielig'.

Op en volgend moment B zegt Piet:
'Ik was een ongelukje'.
Jan: 'Oh, wat erg, jeetje'.

Dan zegt Jan tegen Piet in situatie D:
'Jammer dat het zo is gelopen'.
'Ja,erg hè' zegt Piet.

En in de zoveelste situatie E rationaliseren de heren er op los:
Jan: 'Ik wou dat het anders was gelopen'.
Piet: 'Maar dat is het niet'.

En in situatie F:
Piet zegt: 'Ik weet niet beter'.
Jan: 'Nee, nee... '

Dan binnen een geheel andere context, situatie G, zeggen zij het volgende:
Piet: 'Ik wilde het niet doen!'
Jan: 'En toch heb je het gedaan'.

Op een andere moment, situatie H, beweren ze de volgende   holle kreten:

Piet: 'Ik had niet zo moeten reageren,sorry!'
Jan: 'Ja dat was beter geweest. Nu kun je er niets meer aan
doen'.

Vanuit situatie I zeggen ze dit:
Piet: 'Statistisch gezien kan dit niet gebeuren'.
Jan: 'Nou jeetje, dat is waar'.

En in situatie J nemen zij de volgende woorden in de
mond:
Jan: 'Je hebt geluk gehad'.
Piet: 'Poeh ja, ik heb zeker geluk gehad. Het had ook
anders kunnen lopen'.

In een andere situatie genaamd K zeggen zij:
Piet: 'Wat een gelukkige samenloop der omstandigheden'.
Jan: 'Nou, echt wel!'

Wanneer zal Jan Of Piet zichzelf tegenkomen?

Jezelf tegenkomen

is soms plots tegen een betonnen muur op knallen.

De ware aard van een gebeurtenis doorzien en eindelijk
weten wat je wilt en kunt en hierin een belangrijke beslissing
nemen.

Uiteindelijk zul je leren en inzien.

Na vele ervaringen zul je tot verlichting komen binnen de
context van jouw belevingswereld.

Zelfs Jan en Piet kunnen momenten van verlichting ervaren.

Zelfs de meest onwetende persoon, die wij chronisch hopeloos vinden en voor geen enkele rede vatbaar, kan veranderen.

Op het diepste niveau van existentie zal het individuele wezen wensen en zijn wensen zullen uitkomen. Vroeg of laat. Op het diepste niveau leren wij van alles wat er gebeurt en waarin wij verzeild raken.

Op het diepste niveau worden wij gedreven door de krachten die ons naar bewustzijn zullen leiden. Wij zullen leren.

Eens.

Op een dag

zal de druppel de emmer doen overlopen.

Dan zien wij

de verborgen zin van ons ervaren.

Dan komen wij tot de kern van de zaak. Er is een hele geschiedenis van gebeurtenissen nodig om ons tot verlichting te brengen.

In het volgende schema zien we de ontwikkeling van een individueel wezen dat zichzelf bewust wordt door de tijd heen.

Iedere bepaalde gebeurtenis is een sleutelmoment en biedt ons een kans om te leren en daardoor naar een nieuw inzicht te groeien.

Uiteindelijk zullen we leren.

Of we de kans krijgen om onze broodnodige levenslessen te leren en onze aardse doelen te volbrengen is gelegen in de onzichtbare diepten van onze existentie.

Of wij het einde zullen halen, is de vraag.

Ik leef met het besef dat ieder individu een eigen tijd heeft van leven en een persoonlijk ritme van ervaren.

Het is bevrijdend om te weten dat er geen ziel op aarde te vinden is zonder intrinsieke doelen.

Zelfs de meest verloren ziel doet zijn ding en vindt zijn lot en verbinding op een uitzonderlijk te noemen wijze.

Heb geloof in de dingen en in alles wat leeft.

Alles heeft zo zijn plek binnen deze grote Realiteit.

Alles.

Afstemmen, empathie, eerbied hebben voor de heiligheid die contact heeft met jou.

Vreemde talen leren spreken helpt je af te stemmen op werkelijkheid belevende wezens in andere delen van de aarde en ze te begrijpen. En dat helpt je je aan te passen aan de heilige wereld van de ander.

Ieder werkelijkheid ervarend wezen heeft een kern van heiligheid. Onaantastbare heiligheid. Dat is zijn diepste zelf. Dat is datgene waarover niet getwijfeld kan worden.

Dat is datgene waarmee niet gespot kan worden.

Datgene wat kan worden gebagatelliseerd en gerelativeerd.

Jouw diepste wezen niet serieus nemen is hetzelfde als een vorm van heiligschennis plegen.

Het is mogelijk de taal van jouw hart mis te verstaan of voor een tijd de signalen van jouw diepste wezen te negeren. Echter, je wensen en de realiteit bagatelliseren en relativeren door er mee te spotten, is heiligschennis. Jouw diepste kern en jouw meest fundamentele drijfveren leiden jou en brengen jou waar je ten diepste wilt zijn. Dit gebied lasteren is jouw rijkdom besmeuren.

Te weten dat jij deze kern bezit, doet jou beseffen dat er ook andere werkelijkheid ervarende wezens rondwandelen die ook vanuit hun absoluutheid existeren. Vanuit hun wezenlijke kern.

Als je deze wezens met respect wilt benaderen, eerbiedig dan hun diepste wezen. Men kan aan allerlei theorieën en filosofieën twijfelen en erover twisten.

Elk imago dat de media brengt van zowel bekende Nederlanders als buitenlanders, bijvoorbeeld Hollywoodsterren, kan ten prooi vallen aan lichte spot of zelfs sarcasme.

Zelfspot en humor zijn ook een wapen om onderwerpen uit de taboesfeer te halen of de mensen te laten lachen om de rollen die zij aannemen in de samenleving en in de wereld.

Dit lachen en spotten gebeurt op een niveau van menselijkheid.

Op het meest diepe niveau wordt een mens liever serieus genomen.

Met de zielenkern die ieder werkelijkheid ervarend wezen bezit kan niet gespot worden.

Dat is heilig. Onaanraakbaar voor vieze handen.

De ware rijkdom in een mens of in een dier of in welk wezen dan ook ligt in zijn voor onze zintuigen onzichtbare diepste wezen.

Het werkelijkheid ervarende wezen leeft vanuit zijn essentie.

Vanuit zijn eigen *Heilige der Heiligen*. Indien je beseft dat dit zo is, verandert jouw benadering van welk wezen dan ook.

Jouw houding tot ieder individueel wezen verandert van (voor) oordeel naar de wil om de ander te doorgronden en waarlijk te leren kennen.

Door weerstanden heen prikken. De strijd tegen het onbegrip aan willen gaan. Een strijd die leidt tot meer begrip of zelfs naar een ander besef, een andere wetenschap omtrent het individuele wezen.

En soms is die strijd niet nodig. Dan is er een vloeiende beweging. Een vloeiend samenkomen. Chemie tussen twee werkelijkheden. Twee wezenswerelden die harmonieus samenvloeien.

Dit kan gebeuren tussen twee mensen of tussen mens en dier of mens en plant of mens en ding en mens en muziek. Zelfs tussen dier en dier, plant en dier, plant en plant, etc.

Het grootse, alomvattende ongekende realiteitsspel

Speel het avontuur van jouw leven!

Ontmoet kleurrijke, vreemde en absurde personages.

Verruim daarbij je blikveld!

Neem dan nu eindelijk eens een aanvang met jouw reizen.
Word je nu eindelijk eens bewust van jouw levensgrote
dramatische avonturen die jij kunt beleven.

Praat ik nu tot dovemansoren?

Komt de boodschap aan?

Wanneer dringt het eindelijk eens tot jou door dat jij het
bent waarop wij allemaal wachten?!

Neem nu de verantwoordelijkheid voor jouw zinvol te
noemen drama op je.

Er is niemand zoals jij. Het feit dat iedereen uniek wordt
genoemd en dat er miljarden unieke mensen rondwandelen op
Aarde, is niet het bewustzijn dat ik jou wens te geven.

Op dit moment ben jij het op wie wij wachten.

Wij = ik en de algehele existentie van wat is. Wij wachten
op jou.
Wij wachten tot het punt bereikt is waarop jij je ogen
opent en zult erkennen dat jij onmisbaar bent.

Dat jij in jezelf zult gaan geloven. Eindelijk.

Als dit eenmaal een feit is, dan zullen *de vogelen des
hemels* jou toezingen. De mensen die jij tegenkomt zullen

glimlachen op een mysterieuze manier. Indien jij jezelf eindelijk kunt accepteren, zullen velen aangestoken worden door de positieve koorts die jou heeft doen ontwaken en die zeer besmettelijk is. Weet dat de wereld een subtiele verandering zal kennen indien jij tot jezelf komt.

Door jouw blote zelf te vinden, te erkennen en te waarderen zul jij op een onzichtbaar vlak alles leren waarderen en erkennen en zodoende zul je uiteindelijk jezelf waarlijk lief hebben.

Door jezelf te vinden en te durven accepteren zul je een officieel begin maken met een reis die nog wonderlijker en opwindender is dan welke voorgaande reis ook geweest is.

Het maakt een wezenlijk verschil uit of je leeft vanuit onwetendheid en blindheid, niet bewust van wat je eigenlijk bent of kunt zijn. Het grote realiteitsspel neemt een aanvang wanneer jij luistert naar jouw hart en jouw zielenroerselen leert te verstaan.

Weet dat het zo kan zijn!

Ik durf te beweren dat jij die dit boek leest niet zomaar dit boek leest.

Als jij op zoek bent naar jezelf en het verlangen voelt om te gaan realiteit reizen zul jij jouw wezen moeten (her) ontdekken.

Voorwaarden voor het erkennen en het beleven van jouw reizen zijn jouw heldere bewustzijn en de reikwijdte van jouw ware aanwezigheid.
In hoeverre ben jij aanwezig en heb je contact met jezelf?

In welke mate sta je in contact met je omgeving?

Een ware uitspraak moet uiteindelijk gedaan worden:

Jij komt waar je wilt zijn (!), ongeacht de wegen die jij zult
bewandelen.
Jouw wensen zullen in vervulling gaan, maar.....

Niet op de wijze zoals jij dat verwacht en wenst.

Ook de tijd en de plek waarop jouw diepe wensen in
vervulling gaan, kun je niet afdwingen of beïnvloeden.

Alleen wanneer jij eraan toe bent zal het gebeuren!

Dit geef ik jou op een presenteerblaadje.

En vraag jij mij: Wanneer ben ik eraan toe?

Dan zeg ik op mijn beurt:

Het gebeurt alleen dan wanneer Pasen en Pinksteren op
één dag vallen!

Jij denkt na en je zegt: Nou, dat gebeurt natuurlijk nooit.
Dat kan niet. Er is dus geen hoop voor mij.
Je kijkt me even aan en je draait je om, niet wetende
waarom ik zoiets zinloos zeg.

Niet wetende keer jij mij de rug toe, terwijl ik jou datgene
meegeef wat het meest wezenlijke is van existentie. Vanuit
jouw realiteit bezien is het absurd dat Pasen en Pinksteren op
één dag kunnen vallen. Ik, zijnde een *realiteit reiziger*, geef
aan hoe absurd het/jouw leven zou kunnen zijn.

Pasen en Pinksteren kunnen namelijk op één dag vallen!

Dit is mijn laatste uitspraak over realiteit en over wat deze inhoudt.
Ik heb leren inzien dat er wonderlijke dingen gaande zijn.
Alles is mogelijk voor een *realiteit reiziger*. Alles.

Het leven inzien vanuit jouw eigen absurde levensloop en erkennen dat er geen zekerheden zijn in het leven, zal je verrijken maar ook verwarren. Alles staat namelijk op losse schroeven.
Weet dat alles mogelijk is!

Weet dit.

Begrijp wat ik wil zeggen.

Eerst met je schoolse verstand.

Eerst zul je het rationeel vatten met je grijze massa om pas veel later te komen tot jouw eigenlijke weten dat vanuit je hart/intuïtie spreekt.

Het kan een levenslang proces zijn om van je gehersenspoelde schoolse verstand te komen tot ware kennis omtrent jezelf en tot wat wezenlijk is.

Luister goed.

Zelfs jij zult achter de waarheid komen!

Het proces van jouw verlichting zal geleidelijk gaan of juist op een radicale en rigoureuze manier.

Ooit zal dit punt bereikt worden.

Dan zal het werkelijke realiteit reizen beginnen.

Let op de tekenen des tijds.

Jouw tijd zal komen of is misschien al gekomen.
Let wel.

Het zal niet zijn zoals jij dat wilt of verwacht.

Het gaat jouw verwachtingen te boven.

Onvoorspelbaar en onzeker is de menselijke existentie te
noemen.
En toch...

Als een mens tot zijn recht komt, tot zijn ware
bestemming, dan is zijn doel bereikt.

En....

als het doel is bereikt,

kan het ultieme spel beginnen.

Ditmaal wordt het spel bewust gespeeld.

Het zal gewaardeerd en erkend worden.

Het middelpunt van het spel heeft uiteindelijk zichzelf
gevonden!

Dit is het punt waarop alles opnieuw zal beginnen.

De wereld heeft lang gewacht.

Tijd speelt echter geen rol.
Of jij morgen of vandaag ontwaakt, zal er niet toe doen.

Het zal fijn zijn als jij ooit ontwaakt.

Ooit.
In het eeuwige heden dat geen begin kent en geen einde.

Jij

bepaalt het begin.

Alleen dan,
wanneer jij het kunt.

Nu, de laatste woorden zijn gezegd.

Ik laat je alleen.

Jouw proces gaat door of kent nu een begin.

Waarde *realiteit reiziger*,

Ik neem geen afscheid van jou.

Alles wat ik nu tot je wil zeggen is:

Tot ziens.

Literatuurlijst

Magre, Maurice, De dood en het komende leven, 1937

Saint Exupéry, Antoine de, De kleine prins, 1991

Magre, Maurice, De sleutel tot het verborgene, 1938

Blavatsky, H.P, De stem van de stilte, 1982

Nietzsche, Friedrich, De vrolijke wetenschap, 2009

Ende, Michael, Het oneindige verhaal, 1996

Caroll, Peter J, Liber Null/ Psychonaut, 1987

Bhaktivedanta Swami Prabhupāda, A.C,
Reis naar andere planeten, Voorbij tijd en ruimte, 1974

Andreas, Rork, Fragmenten, 1984

.

www.ingramcontent.com/pod-product-compliance
Lightning Source LLC
Chambersburg PA
CBHW020905100426
42737CB00043B/143